从幕末到明治

1853—1890

[日] 佐佐木克 著
孙晓宁 译

北京联合出版公司

序　言

倍感屈辱的日本

　　幕末时期，日本面对动荡而云谲波诡的国际局势，尽管内心倍感屈辱，它却不得不在艰难中挺身前进，未曾心灰意冷、意志消沉。为了重新崛起，怀揣着摆脱屈辱的强大决心，日本积极地应对复杂的国际形势，以求正面解决自身的问题。

　　1853年（嘉永六年）六月三日，佩里携带美国总统要求日本开国的国书来到日本，第二天，未经允许即开始对江户湾内海进行测量。六日，佩里下令以密西西比号航船护卫测量船靠近小柴冲。密西西比号航船搭载着新型的佩克桑炮，而江户城正位于射程内，根本无法阻止佩里的测量行动，纵使竭尽全力也不过是多次派官员乘小船进行抗议。

举国一致

佩里叩关不仅让日本认识到两国军事实力的巨大差距,也让日本人体会到不战而败的屈辱感。

可是,面对这一难以接受的现实,日本也不能采取什么有效的手段。坚决反对日本开国与对外通商的前水户藩主德川齐昭主张,要尽可能暧昧地拖延对美国的答复,但对当下而言最重要的是,上至武家、下至百姓与町人应该齐心协力地对抗外敌。

此外,彦根藩主井伊直弼也建言,应以开国与对外通商为策略,购入军舰、学习军事技术,人心一致也尤为重要。德川齐昭与井伊直弼在对于日本是否应该开国的问题上持相反意见,但为了日本的将来考虑,二人都主张日本在当时亟待解决的问题,是为了团结人心而构筑举国一致的体制。作为贯穿了日本幕末时期的口号和国家最重要的课题,"举国一致"便在此时应运而生。

再度让日本感到屈辱的是《日美修好通商条约》的签订。欧美各国作为近代国家,从国家自身的立场出发,主张贸易双方应保留对进出口商品的征税权(关税自主权),并在认同这一共识的基础上进行互相间的贸易往来,这一原则至今依然通行。但是,美国总领事哈里斯并不认可日本的这项权利。他的理由是,日本作为半文明开化的国家,不能与近代欧美国家在平等的地位上签订条约。

将破约攘夷作为国家目标

为了全面废除上述屈辱的条约，继而与欧美各国重新缔结平等的条约，日本力图把该方针定为国家最重要的目标（国是），构建以天皇为中心的举国一致体制，再与外国方面进行交涉。1862年（文久二年）中期，这一主张以京都为中心盛行开来，即尊王攘夷论。幕末时期没有"条约改正"的说法，不论是希望修改条约的主张，还是修约所需的外交交涉，简而言之，都是"攘夷"的观点。幕末时期的攘夷论与明治时期的条约改正论是一致的。

然而即便能举国一致，若不反抗列强也无法从根本上扫除屈辱感。举国一致需要构筑朝廷、幕府和藩密切合作的体制，使公家、武家与庶民融为一体，实现这一目标本身已实属不易。长州藩坚持以破约攘夷为中心的强硬论，而萨摩藩坚持现实论（或称稳健论），两藩之间形成了尖锐对立。禁门之变使长州藩一夕间成为叛贼，幕府为处分长州藩，不顾舆论民情，强行发动了长州征讨战争。至此，举国一致体制彻底崩溃，反而走向了分裂之路。

就这样，幕末的日本成为"新美国"，与岩仓具视志同道合的公家中御门经之称，他将诉诸武力来摆平时下的事态。若日本成为美国的殖民地，并不代表日本对美国有特殊的作用，而是意味着日本将作为欧美列强的代名词存在于世。

避免重蹈清国的覆辙

　　最早与日本签订通商条约的国家有美国、英国、俄国、法国与荷兰，暂不论这些国家是否制定过在日本建立殖民地的政策方针，仅就当时东亚所处的现实国际环境来看，欧美列强确实有强烈的殖民倾向。

　　孝明天皇向日本的廷臣呼吁，为了避免重蹈印度的覆辙，必须要有清醒的认识。例如，清国曾是东洋的霸主，如今也面临衰颓之势，日本须视此为前车之鉴。清廷借助英军之力镇压太平天国叛乱，导致英国愈发频繁地介入清国内部，此时日本正审慎地应对着国际局势，清国的处境让日本看清了东亚的殖民化进程。

　　1862年（文久二年）的夏天，长州藩士高杉晋作加入幕府派出的上海市场调查团，在上海驻留了约两个月。在那里，他注意到清国人对英国人的卑躬屈膝，清国大厦将倾的景象映入他的眼帘。于是，他愈加确信，相比对外战争，内乱才是国家覆灭的真正原因。不仅是高杉晋作，大多数日本人持有同样的观点。不能重蹈清国的覆辙，就这样成为了幕末时期日本的口号。

内乱的危机

　　日本国内也有内乱的危机。1863年（文久三年）八月，在长州藩发动下关攘夷战争（长州藩炮击外国商船，遭到列强的报复攻击）期间，对岸的小仓藩袖手旁观，未对长州藩予以支援，幕府以此为由召开朝廷会议（朝议），内部决定了对小仓藩的处分（剥夺了藩主小笠原忠干的官位，并没收了十二万石的领地）。实际上，这一处分是滞留在京都的长州藩士与真木和泉等强硬论者逼迫朝廷内的攘夷强硬论者，如三条实美强行决定的。

但是，身处京都的鸟取藩主池田庆德、冈山藩主池田茂政、米泽藩主上杉齐宪等人就幕府对小仓藩的处分表示强烈反对。他们担心，小仓藩无法接受如此苛刻的处分，极有可能演变成小仓藩与长州藩的对立乃至战争，进一步造成国家的内乱。他们以自身对攘夷论的理解来游说诸大名，称其中的要旨就是避免国家的内战、内乱。京都的政局正处于千钧一发之际，为了使国家恢复理性状态，这些藩主联合起来发动了八月十八日政变，将攘夷强硬论者驱逐出京都，小仓藩也因此免于一劫。

幕府与长州藩的战争（第二次征讨长州）酝酿着更深层次的危机。不论谱代大名、外样大名，还是强势藩，都坚决地反对国内战争，在此背景下，民众运动纷纷兴起。大阪和江户的民众因为米价暴涨产生了骚乱。要求政府派发面包的呼声高涨，民众暴动频发，法国革命与俄国革命的消息也经由民众传到日本。内乱已现苗头，但幕府视而不见，强行发动了长州征讨战争。

朝廷和幕府的危机状态

然而，朝廷对长州征讨战争的赞成决议是一桥庆喜以其铁腕力排众议而造成的直接结果。朝廷内因为接连不断的政治斗争，人才极度匮乏，导致朝廷与幕府无法做出理性的判断。作为举国一致的中心和国家的支柱，幕府和朝廷就在这种情况下陷入了严重的危机。

如何才能使日本从这一危机的状态中解脱出来，成为当时的重大课题，未来的方向似乎也可以预见。西乡隆盛断言："幕府会自动倒台。"（见 1865，庆应元年八月，西乡隆盛寄给大久保利通、蓑田传兵卫的书信）大久保利通回复朝彦亲王称"朝廷大限已至"（见《朝彦亲王日记》1865，庆应元年九月），之后便离他而去，因他对朝廷已不再抱有任何期待。西乡隆盛和大久保利通此刻已经预知到，幕府和朝廷都无法再以自身的力量挽救岌岌可危的统治了。

在他们看来，值得依靠的只有雄藩（势力强大的藩）。雄藩能团结到何种程度，是重建日本的关键。西乡隆盛和大久保利通的构想大体也是如此。首先应联合萨摩和长州两藩，可是两藩的力量仍不足以重建日本，因此必须联合其他志同道合之藩，扩大这一同盟的势力。

着眼未来的誓约

萨长两藩的利益，实则是他在思考了日本的将来之后，认为在萨长两藩间结成牢固的同盟将有助于日本未来的道路，并以此为出发点展开了行动。西乡隆盛与木户孝允理解了坂本龙马的深意，萨长誓约也得以顺利缔结。

萨长誓约（也可称之为"萨长同盟"或"萨长盟约"，之后才被命名为"萨长誓约"）并非秘密协定。它旨在助益于日本的将来，呼吁有志之藩及有志之士的加盟，不问身份，上至雄藩、幕府、朝廷，下至庶民皆可加入其中。萨长誓约确实吸引了一批真正理解其高远志向的人才，壮大了同盟队伍。

幕府强行发动的征长战争将朝廷也卷入其中，国家分裂的危机愈发严重，由此，批判幕府以及要求实行大政奉还的呼声更加强烈。强势藩相互合作，有志之士的联合逐渐发展壮大。在这样的背景下，1867年（庆应三年）六月二十二日，萨摩藩和土佐藩在盟约中揭示了他们的共同目标，即废除将军一职、建立新的政府（日本国家的行政机关）。至此，幕末日本的国家构想和政权构想初具雏形。

新政府的诞生与课题

王政复古（1867，庆应三年十二月九日）是实现上述构想的必经之路。它旨在废除幕府和朝廷这样的政治组织，抛弃两者此前的基础而建立起全新的行政机关。此时，距离各藩全部达成一致意见还需时日，但政变已初具规模。因政变而联合起来的雄藩诸大名对实现上述政权构想的热情仍有所差异，但是他们对于创建新政府这一基本路线的意见几乎是一致的，在废除将军德川庆喜的问题上也没有异议。新政府绝不是萨长讨幕派的政府一类的机构。

"为了将来",这样的话语对于今天的日本已经难有影响。但在幕末时绝非如此。在幕末的危机中应运而生的这句话,极大地影响着当时的国人和国家。不论是试图支援长州藩的人,还是对幕府心存感激的人,都超越了自身的立场,为了日本的未来并肩而立、携手作战。幕末时期的日本包容了各种不同的论调,不断向前迈进。

第二年(1866,庆应四年)一月十五日,新政府公布了以"改革"为目标的外交方针,在此前日本与外国的交往方针是"亲善",但这一方针指导下签订的通商条约对日本的切身利益多有损害。曾作为幕末日本国家最重要课题的破约攘夷(或称条约改正)也被视为新政府的方针而继承下来。新政府很清楚,修改条约是极困难的。他们也认识到,只要欧美列强不承认日本属于近代国家,日本就不可能同他们进行修约谈判。

此时,近代化成为日本国家的重要课题,而完成近代化的目标是实现官民一体化。通过废藩置县而成立统一的国家、建立一人元首制的政治体制,保持政府和国民在国家目标上的一致,日本一步步地实现着举国体制下的近代化目标。于是,日本从幕末的肩舆时代发展到汽车时代,仅仅花了十几年的时间,世界上很少有像日本这般如此迅速地完成了近代化的国家。

1899年(明治二十二年)日本正式开设国会,在此之前日本曾宣称要制定国家宪法。英国回应了日本修约的诉求，此举可视为英国对日本近代化进程做出了肯定的评价。至此，将佩里来航之后就附着于日本内心的屈辱感一扫而光的日子已经指日可待。

文中所引史料和部分改写为现代文的词语补充于括号中。未满的年龄和已满的年龄皆按最接近的岁数计。

目 录

第 1 章 屈辱的启程（1853—1859） ………… 1

1 佩里叩关 3
    佩克桑炮的威力 3
    炮舰外交的屈辱 6
    对于美国总统亲笔信的意见 7

2 亲善条约和通商条约 11
    《日美亲善条约》的签署 11
    应对佩里叩关 13
    打开外交出路 14
    踏出通商的第一步 15
    不平等条约 17

3 关于通商条约的签署 21
    经过天皇批准的圣令 21
    请求敕许 23
    天皇的主张 25
    拒绝批准通商条约 26

4 大老井伊直弼和条约的签订 29

王牌登场　29

条约签订和英国的阴影　31

大老的烦恼　32

批判大老　34

5　破约攘夷的密约　37

解除误会的天皇　37

密约　38

安政大狱　40

吉田松阴的激烈论点　42

第2章　尊王攘夷运动（1860—1863）……………45

1　萨摩和长州的政治运动　47

樱田门外之变　47

萨摩藩忠诚组　50

再度缔结密约　52

长州的策论　54

对岛津久光的密令　55

2　尊王攘夷论的兴起　59

公布密约　59

尊王和攘夷的合体　60

幕政改革　62

四贤侯会聚　64

3　政治之都——京都的尊王攘夷运动　67

  尊攘论的兴盛　67

  批判幕府和恐怖活动　69

  督促攘夷的敕使和土佐藩　70

  诸大名上京　73

  将军上洛与攘夷的国是　74

4　实行攘夷　77

  攘夷祈愿的行幸　77

  决定攘夷的期限　79

  下关攘夷战争　81

  萨英战争　83

  日本国防军的必要性　86

5　文久三年八月政变　89

  铲除奸佞　89

  萨摩的决意　91

  失控的强硬论者　93

  政变的准备　95

  八月十八日政变　98

  对长州藩的处分　100

第3章　渐行渐远的举国一致（1863—1865）……103

1　为了制定新的国家大政方针　105

  攘夷的内容　105

  四侯上京　108

13

天皇与久光的商谈　110
　　　公家和武家共同参与的国家最高会议　113
　　　横滨港锁港的方针　115
　2　朝廷和幕府的合体　119
　　　新的长州问题　119
　　　禁里守卫总督　121
　　　庶政委任于幕府　123
　　　从幕府独立　124
　3　禁门之变　127
　　　池田屋事件　127
　　　长州势力进京　129
　　　混乱的应对措施　131
　　　蛤御门之战　132
　4　第一次征伐长州　135
　　　成为叛贼的长州藩　135
　　　四国联合舰队进攻长州　136
　　　庆胜辞去征长总督一职　139
　　　胜海舟和西乡隆盛　141
　　　三家老切腹　143
　5　第二次征讨长州开战之前　147
　　　高杉晋作举兵　147
　　　坂本龙马和西乡隆盛　150
　　　将军出兵和错误判断　152

　　　　萨摩支援长州　154

第4章　为了日本的复兴（1865—1866）……………157
　1　征讨长州与敕许条约　159
　　　　为何支援长州　159
　　　　幕府自动倒台　161
　　　　围绕征讨长州的朝议　163
　　　　"朝廷大限已至"　165
　　　　条约敕许　167
　2　坂本龙马前往山口　171
　　　　无力的朝廷　171
　　　　私信的报告书　173
　　　　非义的敕命　174
　　　　想传达给长州的信息　176
　3　萨长誓约　179
　　　　木户孝允进京　179
　　　　龙马的提议　181
　　　　萨长誓约之日　182
　　　　六条誓约　184
　4　为了日本的将来　189
　　　　木户寄给龙马的信件　189
　　　　誓约的意义　191
　　　　抗议征长的大阪民众　193

幕长战争　195
　　看到幕府的末路　197

第 5 章　新政府的创设（1866—1867）………199
　1　说着"不是挺好的吗"跳舞的民众　201
　　最后的将军德川庆喜　201
　　孝明天皇突然驾崩　204
　　兵库开港问题　206
　　混乱的朝议　208
　　"不是挺好的吗"的发生　210
　　大政奉还与"不是挺好的吗"　212
　2　萨摩和土佐的盟约　215
　　新政府是必要的　215
　　萨土盟约　217
　　通过政变建立新政府　220
　　无法讨幕　222
　　萨长芸三藩出兵协定　224
　3　大政奉还　229
　　大政奉还和大舞台　229
　　大政奉还的上表　231
　　"讨伐将军"也被列入考虑　234
　　讨伐将军的伪敕　236
　　岛津茂久率兵上京　238

4 王政复古的政变 241
    土佐的构想 241
    即使不用武力 243
    萨摩的政变路线 245
    政变开始运作 248
    发动政变 250
    小御所会议的讨论 252
    王政复古的大号令 254

第6章 明治国家的课题（1868—1890）……………257

1 以近代国家为目标 259
    五条誓文 259
    定下东都 263
    版籍奉还 266
    准备废藩 268
    决定废藩 270

2 岩仓遣外使节 273
    出使目的 273
    考察之旅 275
    德国，发现俾斯麦 277
    内务卿大久保利通 279

3 开设国会 283
    修正文明开化的轨道 283

自由民权运动　286
　　　批判政府的暴风雨　288
　4　建立立宪制国家　291
　　　伊藤博文的宪法调查　291
　　　近代内阁制度的建立　293
　　　修改条约的交涉　295
　　　大日本帝国的宪法　298
　　　近代日本选择的道路　301

后　记……………………………………303

第 1 章
屈辱的启程（1853—1859）

武州潮田远景　近晴画（黑船馆藏）

1 佩里叩关

佩克桑炮的威力

1853年（嘉永六年）六月三日，美国东印度舰队司令长官佩里携美国总统菲尔莫尔敦促日本开国的亲笔信，率领四艘军舰抵达浦贺。

江户湾由观音崎（属神奈川县）与富津（属千叶县）连结而成，外形呈葫芦状（直线距离约7千米），其内部被称为内海，经由浦贺水道通向太平洋的出口被称为外海。浦贺（神奈川县浦贺市）是自古以来知名的良港，幕府在此处设立关卡，由浦贺奉行直接管理，凡是从浦贺水道进入内海的船只都需经过严格的审查。佩里十分了解日本的情况，因此他选择从浦贺入港，进入江户湾。

不过，佩里来航的第二天，美国人未经允许进入内海，开始对江户湾展开测量。根据当时的国际法规定，距海湾入口

年代	事件
1853 嘉永 6	六月,佩里抵达浦贺,第二天开始测量江户湾。
1854 安政 1	一月,佩里再次来日,签署《日美亲善条约》。
1855 安政 2	十月,发生江户大地震。
1856 安政 3	八月,美国驻日总领事哈里斯在下田设立总领事馆。
1857 安政 4	十二月,日美通商条约的交涉开始。翌年一月,双方谈妥。
1858 安政 5	二月,老中堀田正睦为请求天皇批准条约而进京。 四月,彦根藩主井伊直弼出任大老。 六月,签署《日美修好通商条约》。和歌山藩主德川庆福公布将军的继承人。 八月,天皇向水户藩下达批判大老井伊直弼的诏书。 九月,梅田云浜被逮捕,安政大狱开始。 十月,老中间部诠胜进京,向关白九条尚忠解释条约签订问题,表示日美关系要重回《日美亲善条约》,发表破约攘夷的意见。 十二月,天皇称彻底消除对幕府的误会,缔结破约攘夷的密约。
1859 安政 6	八月,水户藩家老安岛带刀切腹; 十月,桥本左内和吉田松阴被斩首。

直线距离 6 海里(约 11 千米)以内的狭长水域或内海应被视为该国的领土,所以,江户湾的内海是日本的合法领土。佩里明明了解这是侵犯日本领土的行为,却仍下令对江户湾进行测量。

六月六日,在军舰密西西比号的护卫下,美国的测量船在距离小柴冲 1.3 千米的位置停靠。密西西比号全长 69 米,排水量 1692 吨,装载大炮 12 门,载员 268 名,是一艘外轮式护卫舰(中型快速舰)。当时日本并没有军舰,最大的船是千石船,

佩里提督横滨登陆图（横滨开港资料馆藏）

排水量150吨，载员不过20人，船上更没有大炮之类的武器。

  幕府派出官员和士兵乘坐数艘警备船，向美国对江户湾的测量行为表示抗议与阻止，却被美国无视了。此时日本的军事实力完全无法与美国相比。密西西比号搭载有新型的佩克桑炮，该炮的有效射程足足超过6千米，江户城在它的射程范围内，意味着美国可以轻而易举地攻下江户。

  佩里来航当天，浦贺奉行[①]的与力[②]中岛三郎助在荷兰通事[③]（通译）的陪伴下，乘坐幕府派出的警备船，抵达佩里舰队四

[①] 奉行：负责管理城下町内行政、司法和警察事务，是执法治安功能的地方行政机构。下有与力、同心，属老中管辖。奉行分为勘定奉行、町奉行、寺社奉行三种，这里说的是町奉行。
[②] 与力：又称捕吏。江户时代作为奉行、所司代、城代、大番头、书院番头的部下，指挥同心并辅佐事务之职。
[③] 通事：指从事通译的人，特指江户幕府在长崎从事通译或贸易事物的官员，分为荷兰通事和唐通事两种。

艘旗舰之一的萨斯凯哈那号，在此与美国进行了最初的交涉。佩里称其携美国总统的亲笔信，向中岛三郎助要求与日本政府（幕府）的高官会面。下船之际，中岛三郎助走到船尾，在看到船上搭载的巨炮后，就向美国船员询问该炮是否为佩克桑舰炮，以及炮的射程距离是多少。实际上，中岛三郎助对于外国的新锐兵器相当熟悉。

炮舰外交的屈辱

中岛三郎助随后向浦贺奉行报告了佩克桑炮的情况，不久老中[①]也得到了有关佩克桑舰炮的报告。此时的幕府虽然因佩里的测量行动受到了极大的刺激，但已经放弃了抗议的打算。美国国务院曾禁止佩里采取任何武力行动，所以他无法对江户城进行炮击，然而幕府对此毫不知情。

幕府对于眼前的领土侵犯者，空有抗议的念头而没有任何实质的办法。幕府无法与之开战，而且不战即败。对武士来说，没有比这更屈辱的事了，这是一种不甘心、无能为力的屈辱感；对日本而言，这是国家的耻辱。正是佩里的到来，让日本人看清了美国与日本在军事实力上的巨大差距。

当天（六月六日）夜里，幕府不得不就受理美国总统亲笔信，即对外交涉一事做出决断。关于授受亲笔信的地点问

---

① 老中：是幕府常设的最高官职，直属将军，总管政务，定员四至五名。每月由一名老中主持政务，先任者称为老中首座。

题，幕府与佩里之间出现了争议，幕府主张在长崎进行，但佩里称总统要求的地点是江户。结果是双方达成一致，同意在浦贺南部的久里浜（横须贺市）进行。看起来两方都有所妥协，但幕府让步更大，原本幕府的外交交涉都是在长崎进行的，这种改变违背了国法。炮舰外交以强大的军事实力为背景，日本无法逆其道而行之。

六月九日，幕府接收了美国总统的亲笔信，佩里表示来年春天将再次到访日本，十二日他从浦贺离港。对幕府来说，受理美国总统的亲笔信之后，就不得不正面回应开国的要求了，这是幕府从诞生以来遇到的最大难题。

对于美国总统亲笔信的意见

七月一日，老中首座阿部正弘（福山藩主）就如何处理美国总统亲笔信一事征求了诸大名的意见，也咨询了一些幕臣。在此之前，幕府从未就政治、军事、外交等问题征求过大名的意见，这次是极为特殊的。

在以锁国为国策的国家体制下，通商和开国是足以动摇国家根本的重大问题。为避免国家进入战争事态，一味地拒绝是行不通的，必须直面危机寻求解决之道。幕府有必要听取朝廷的意见，但最为首要的是，根据肩负防卫国家责任的武家总体意见，幕府做出了必须要应对的判断。

关于上述问题，有势力的大名（大廊下、大广间、溜间诘等49家大名）中有31家做出了回答。其中，拒绝通商的大名14家，同意通商的大名3家，认为最好还是拒绝的大名10家，持拖延态度的大名2家，表示任凭幕府决议的大名1家，以及不言明态度的大名1家。一旦日美交战，日本毫无获胜的希望，正是清楚这一点，所以大名们知道幕府不可能坚定地拒绝美国的要求，从而做出了暧昧含糊的回答。

前水户藩主德川齐昭是拒绝通商观点的代表。他认为，日本不应与美国正面对决，暂时要小心行事，采取含糊其辞的战术，避免向美国透露出真实想法，在此期间努力提高自身的军事实力。但是，当下最要紧的课题是建立举国一致的体制，从武士到百姓、町人，举国上下齐心协力对抗外敌。

彦根藩主井伊直弼是赞成通商和开国的。在他看来，日本可以派遣商船，与地处巴达维亚（现印度尼西亚）的荷兰东印度公司开展贸易，再将贸易所获利润用于建造新型军舰与扩充海军。他也提到，当前应优先考虑人心一致这一重要目标。在人心一致的问题上，井伊直弼与德川齐昭有共同的想法。

话虽如此，井伊直弼最初是持拒绝论的。但是，自从他知道俄国的普提雅廷曾来航长崎（七月十八日）并提出开国要求以后，就改变了想法。此后，英、法等列强陆续提出开国要求，拒绝这些要求也很困难。井伊直弼感到，倒不如尽快实施富国强兵之策，才是日本将来的出路。

另一边，幕臣中支持开国论的只有胜麟太郎（海舟）一人。他表示，军舰是国家防卫不可欠缺的要素，应为购买军舰筹措资金而积极开展对外贸易。他直言，日本有必要进行海防、军制改革和政治改革（尤其是选拔领导型人材）。

持拒绝论的德川齐昭和持通商论的井伊直弼都认为日本最紧要的课题是人心一致即举国一致，诸大名对此有共通的认识。这也是日本面对美国时能采取的唯一手段。对日本来说，尽管令人失望，但这确实是当下的实情。

胜海舟

2　亲善条约和通商条约

《日美亲善条约》的签署

根据早前约定，佩里在1854年（嘉永七年，安政元年）一月十六日率领六艘军舰再度来航，进入上次测量过的小柴冲并在此下锚。一如佩里的要求，日美交涉的地点选在神奈川（横滨）。德川齐昭反对幕府与佩里进行交涉，幕府的阁僚难以达成一致意见，因此日本未能拒绝美国的要求。

三月三日，《日美亲善条约》签署。其要点如下：

①日美两国结成"永垂不朽的亲善"关系。

②下田、箱馆两地开港，为美国船只供给木柴、饮用水、食物、煤炭等其他补给物资，美国付款（金银钱）购买。

③美国人的居留地设定在下田（驻留领事）。

④若日本与除美国之外的第三方国家缔结条约，美国若有需要，可以不必经过交涉而享受与第三方国家相同的待遇（片面最惠国待遇）。

如上所见，条约中没有与通商有关的条款，也没有触犯邦交的条文。1842年（天宝十三年），幕府曾颁布"薪水给予令"①，《日美亲善条约》不过是"薪水给予令"的延伸。这样说来，就不能认为《日美亲善条约》是具有开国意义的条约，也不能认为它改变了日本的国家体制。因此，在天皇、朝廷和大名之中，没有人对其提出异议。

但是，佩里对条约的认识与日本之间有着相当大的差距。美国将通过条约保护漂流民视为本国重要目的，因此把日本的让步导致下田和箱馆的开港看作是一项巨大成果。美国的下一步计划是讨论通商问题，然而幕府没能看透美国的布局，于是承认了美国在下田驻留领事的权利。

另外，佩里还使日本认可了"最惠国条款"，即美国可以不经日本许可，在其他国家允许的情况下，不通过协议而享受与其他国家同等的待遇。但是日本方面并不享受这一待遇，也就是说，这一权利是单方义务。佩里认为这是他与日本谈判取得的最大成果。幕府中有熟知国际法的官员，但直到日本建立

---

① 薪水给予令：外国船只到达日本后禁止上陆，只供给其柴薪、食物和水。

了明治政府，他们才注意到这是一个不平等条款。

应对佩里叩关

虽然《日美亲善条约》确定了日本与美国之间永世不变的友好关系，但是，美国对日本的军事威慑力依然存在。

日本开始积累有关佩克桑炮的知识。但是，看到由军舰搭载的新型大炮，日本人仍感到极大冲击。这时的日本没有新型大炮，更别说军舰之类的大型舰船了。面对这样的现实，幕府展开了怎样的应对行动呢？

1635年（宽永十二年），幕府曾发布了禁止建造大船的命令。条约签订的同年九月，这项规定被废止，并奖励建造西式军舰的诸藩。浦贺开始筹备西式军舰凤凰丸的建造工作。而且，从八月起，建造品川炮台的工作也陆续展开，但仅仅完成五座炮台之后，建造计划就因资金短缺而中途搁浅。即使沿海建立起炮台，使用旧式大炮，胜利的希望也依然渺茫。这个现实在长州下关攘夷战争中表现得愈发明显，当时长州藩的炮台几乎一个不落地被破坏殆尽。幕府也考虑到，炮台的防卫力量是有所局限的。

佩里来航后的第二年，即1855年（安政二年）十月，幕府聘请荷兰海军的军官和驾驶员作为教官，并创立长崎海军传习所，在幕臣和诸藩中选拔人员进行培训学习。胜海舟、中岛三郎助等幕臣都是这里的第一批学员。但是四年后（1859，安政六年），海军学习所因为各种原因遭到废止，幕府的海军建设事业也因此半途而废。

三年后，幕府在1862年（文久三年）开始着手军制和军事改革。此时距离佩里来航已经过了九年，但幕府并未加紧海军建设的计划。当时，幕府共拥有七艘军舰，在安政年间拥有的四艘军舰中，最初的军舰是由荷兰国王在1855年（安政二年）赠送，另外两艘，咸临号（1857，安政四年）和朝阳号（1858，安政五年）由日本分别花费10万美元购置。幕府的军舰全是旧船，不可能在实力上赶超列强的军舰。

随后的六年是空白期。1865年（庆应元年），日本以24万美元购入富士号；1862年（文久二年）花费40万美元从荷兰订购了开阳丸号，1867年（庆应三年）抵达横滨。明治政府继承了建设海军的任务，从1886年（明治十九年）起正式进行海军的军备扩张。这时距佩里来航时间算来，已经过去了30多年。

打开外交出路

作为一个岛国，日本却并没有海军，这是国家防卫的致命弱点。幕府没有积极地投身海军建设，财政困难固然是理由之一，但并不是决定因素。更恰当的理由是，幕府在亲眼看到美国强大的海军后，深知日本不可能一下子缩短军事上的差距，所以放弃了武力对抗的念头。

军事上的弱国，如何在国际社会的残酷竞争中生存下去呢？正如古今东西方的历史所记录的那样，提升对外交流的技巧，从外交中寻找出路。也仅仅只有这个方法而已。这对日本来说，确实不失为一种明智的选择。当然，这也意味着，武士不能使用武力，将屈辱深藏内心。但是，日本的武士并没有就此终结。

1867年（庆应三年），长崎发生了一起英国海军士兵被杀害的事件（伊卡鲁斯号事件），英国怀疑案件的嫌疑人是坂本龙马海援队中的士兵。英国公使巴夏礼开船驶进土佐的高知地区讨要说法，与土佐藩参政后藤象二郎进行了谈判。随后犯人的身份得到确定，是某名福冈藩士犯下此案。巴夏礼对于后藤的处置十分不满，不仅在谈判中猛拍桌子，还踩在床上大声抗议，以傲慢姿态威吓后藤及其同行者。

但是后藤并未因此胆怯。他反而提醒巴夏礼，作为大英帝国的外交官和一名绅士，毫无礼节可言的粗野态度是否妥当？他强硬地表示那种上海领事时代的外交手段在日本是行不通的，最终使得巴夏礼改变了态度。后藤象二郎没有卑躬屈膝、没有瑟瑟发抖，懂得礼节进退、大义凛然。后藤表现出的幕末日本外交姿态，与当时亚洲和非洲诸国都不同，让蔑视侮辱日本的列强也对日本刮目相待。

踏出通商的第一步

1856年（安政三年）八月，美国总领事哈里斯在下田的玉泉寺悬挂起美国领事馆的旗帜。哈里斯怀揣着总统皮尔斯的旨意秘密赴日，为使美国获得更多权利而企图与日本签订通商开国条约。

同年八月，幕府下令，要求各奉行、海防人员、大小目付①等重要官员就将来的海外贸易展开商议。此事源于长崎荷兰公司的克鲁伊维斯提供的情报，称英国即将为要求通商而来到日本。原本消极应对的幕府，不得不直面这一情况，着手解决通商问题。

堀田正睦（佐仓藩主）从老中首座阿部正弘手中接过这一重任。堀田正睦的能够推动此事的原因是，佐仓是关东地区兰学盛行的重要地区，而他正是以开明派著称的大名。与堀田正睦一同作为开明派而为人所知的是萨摩藩主岛津齐彬，他也是主张幕府开国通商的重要人物。堀田非常清楚，日本开国通商的局面是大势所趋。但此时的幕府内部仍有不少阻止通商的反抗势力。

哈里斯将美国总统的国书直接呈递给将军，向下田奉行要求通行江户的许可，结果遭到了幕府的拒绝。在僵持下，第二年（1857，安政四年）七月二十日，美国军舰朴茨茅斯号开进下田港。哈里斯率军舰驶入小柴冲，借此要求登上江户城。八月六日，下田奉行井上清直同意哈里斯登城。

十月二十一日，哈里斯登上江户城，拜见将军德川家定，

---

① 目付：幕府的职务，主要任务是监察一切幕政，搜寻并报告同僚的不法行为的监察官。在江户幕府，负责监视大名、旗本、御家人的行动。

呈交美国国书，第二天又会见了老中首座堀田正睦。会面中，哈里斯发表了长达两小时的演说，他强调了英国在清国的野心及其开展鸦片贸易的危害，并表示，在英国派遣舰队强迫日本通商、开国之前，与奉行和平主义的美国结成亲密而友好的关系、缔结条约才是日本的万全之策。

但此时，美国正向清国贩卖土耳其的鸦片。幕府还知道了美国在墨西哥战争中获得了加利福利亚地区。因此，幕府认为不能完全相信哈里斯的演说。结束会见后，老中首席官员进行了评议，对于是否与哈里斯交涉的问题做出了最终的自主决议。

不平等条约

井上清直（下田奉行）和岩濑忠震（目付）被任命为负责外交的全权委员，从十二月十一日起开始与哈里斯进行交涉。他们围绕哈里斯提出的条约草案，前后反复商议了13回，最终在第二年（1858，安政五年）的一月十二日商议完全部的条款，达成了一致意见。

在与哈里斯的交涉中，日本方面对他的要求也有一定的限制，但基本上还是同意了哈里斯的要求。结果是，日本签署了一项对自身有诸多不利的不平等条约。改变这个条约成为明治政府继承下来的最重要问题。

为什么说这个条约是不平等的呢？

第一点，亲善条约中的片面最惠国条款（见第12页），在上述通商条约中得以继承下来。第二点，本应属于日本的关税自主权没有得到承认。

对于关税自主权，要进行一些详细的说明。

从国家的立场出发，行使独立主权的国家（主权国家）理应对进出口商品享有自主征税的权利。在当时的以欧美为主导的近代国际社会中，各个国家都在认同这样的"关税自主权"的基础上进行贸易，这一原则也维持至今。但是，日美通商条约却无视了这一原则。为何会这样呢？

条约的第四条和附属贸易章程对关税做出了规定。根据日美两国协议，以"协定关税"的方式，将关税率定为出口税5%、进口税20%。这一方式当然是由两国国力强弱决定的，但是它却对日本的未来发展造成了妨碍。

上述协议一方面是日本缺乏关税自主权知识的结果，另一原因是，哈里斯不承认日本是能够行使自主权力的近代主权国家。在哈里斯等美国人看来，世界上存在三种类型的国家，分别是开化（近代文明化）国家、半开化（近代化延迟）国家，以及未开化的国家。根据哈里斯的标准，日本是半开化国家，不能与美国这样的文明国家享有对等的位置。

第三点是第六条的领事裁判规定。具体地说，美国领事哈里斯可以根据美国法律的裁判制度，审理驻留在日本的美国人所涉及的民事、刑事案件。当然，这是一项有利于美国人的裁判权。这一制度集中在19世纪，是欧美各国强加给亚洲、非洲等落后国家的裁判制度。而日本驻美国的领事不享有上述裁判权，这显然是一种差别待遇。

与哈里斯进行交涉的井上清直和岩濑忠震因为缺乏相关知识，并不知道要反对这三条不平等条约。但是也不要过分责备他们。领事裁判权也可以理解为一项限制居留在日本的外国人犯罪行为的条款，而协定关税权对日本也并非是完全不利的。

多年后的日本终于知悉了欧美国际法。直到那时日本才懂得，自己被贴上了屈辱的"半开化国家"的标签。从那以后，日本旨在与列强重新缔结平等条约，将条约改正作为国家最重要的目标。

虽然哈里斯投机取巧，但井上清直和岩濑忠震也未曾放弃努力。对于哈里斯提出关于内地开放（允许美国人在日本国内自由旅行或从事商业活动）的问题，他们强烈反对，没有同意。此事值得记上一笔。后来在明治政府就条约改正进行交涉的过程中，内地开放问题被日本用作王牌，并起到了关键作用。

对于幕府来说，条约谈判虽然与最初的预想有所差异，但终归是幕府以灵活的手段应对、并在可允许限度内妥协的结果。就促成条约缔结而言，既避免了大的摩擦，又与欧美列强构筑了友好的关系并实现了通商，幕府认为签订该条约终将有益于将来的国家利益。

3　关于通商条约的签署

经过天皇批准的圣令

与佩里来航时期不同，此时势力强大的大名中有多数人成为开国论者，在朝廷的首脑集团内部，即使没有积极地主张开国论，至少也形成了容许开国一致意见。幕府与哈里斯的商议，正是这一形势下的结果。

就交涉达成一致意见之后，接下来就是条约的签署工作。德川将军及作为政治组织的幕府，以天皇委任其大政（政治、军事、外交等权限）为前提，负责国家的运转。根据惯例，由幕府负责签署条约，之后再向诸大名和朝廷报告即可。

但是，上述条约是关系到国家根本的重要条约。负责与哈里斯进行交涉的全权委员井上清直和岩濑忠震两人联名，向老中提交了如下的上奏书。

将军亲自临席，尾张、纪伊、水户御三家①以及亲藩②、谱代③、外样④各大名，围绕开国条约展开无保留的讨论，得出了各种意见。老中主要外交负责人也出席了此会，由全体的一致意见（一致决定，而非多数同意）得出了结论，作为国是（国家的最高基本方针）确定下来。于是奏请天皇批准、再向全国发令……

从锁国到开国，日本的国家根本发生了改变，完成了向新国家的转换。异议和混乱在所难免，也必然会受到外国的轻视和侮辱。然而，幕府不怕浪费时间，听取众议，在武家意见一致的基础上决定了将开国定为国是。然后，幕府向朝廷和天皇报告、加以说明，最后获得同意。在此基础上，幕府最终形成意见，即签署通商条约后再向全国发令。

在听取武家和公家议论的基础上形成一致意见是极为重要的。若非如此，决议就难以得到得到农商民的理解，也就失去

---

① 御三家：德川将军家的同族，指尾张、纪伊、水户三家。其地位特殊，受到幕府的特别待遇，超过其他大名。任务是辅佐将军，保持将军家的血统，将军无嗣时，从御三家中选继任人。
② 亲藩：江户时代大名的一种门第，德川家康以后德川氏的子弟成为大名者被称为"亲藩"。亲藩与谱代同为将军的藩屏，牵制外样大名，地位重要。
③ 谱代：江户时代大名等级之一。三河时代到关原之战以前侍奉德川氏的武士且成为大名者称谱代大名，地位次于亲藩，担任幕府要职。
④ 外样：关原之战之后臣服德川氏的大名为外样大名，他们与谱代大名在制度上有严格区别。

了举国一致体制的意义。此外，上述过程还推进了包含意识改革的幕政改革，从《禁中并公家诸法度》[①]（1615年）至今，一直与政治绝缘的天皇再度回到了决定国家政治的位置，将不再由幕府独自决定国家政治，因此具有划时代的意义（见《幕末外国关系文书》）。

天皇的批准相当于同意签署条约的许可。老中接到签约建议，向天皇请求许可。根据大政委任的原则，幕府不难获得天皇的敕许，但没想到的是，这却成为引起幕末日本政治和社会混乱的导火线。

请求敕许

幕府告知哈里斯，正月五日（1858，安政五年），天皇将敕许条约的签署，预计三月五日完成签约。二月五日，老中堀田正睦到达京都，此时距签约日还有一个月。原本对于什么事都装腔作势、拖延不办的朝廷和公家，竟然批准了条约的签署。但是，如果仅凭这件事就相信幕府和朝廷的政治力量，那未免脱离现实而过于乐观了。

二月九日，老中堀田正睦赴天皇御所进宫拜谒（拜访皇宫称作"参内"），就条约签订一事请求朝廷的许可。堀田正睦

[①] 《禁中并公家诸法度》：1615年攻陷大阪城后，幕府为控制天皇和公家而制定的法令。根据此法令，天皇的权力仅限于改元等礼仪性方面。

的同行者有岩濑忠震（美国方面的接待人）和川路圣谟（俄国方面的接待人），三人在京都的本能寺落脚，邀请朝廷代表（议奏和武家转奏的公家，转奏指负责在朝廷与幕府之间传达命令的官员），把幕府同哈里斯的交涉过程和条约草案展示给他们，并说明了具体情况。三人提到时下的国际形势和欧美列强的军事实力，随后进一步解释，美国不是要求开国的唯一国家，开国是列强对日本的一致要求。堀田正睦预计，通过以上解释，朝廷应该可以理解条约的签署，然而他还是太乐观了。

二月二十三日，老中堀田正睦得到了关白九条尚忠的答复。九条尚忠表示，条约签订事关重大，需御三家以下的诸大名议论之后，才可再度上奏，天皇再予以回复（诏敕）。堀田正睦揣测，此事虽然不能作例外处理，但九条尚忠的言外之意是，只要再度上奏，按照惯例天皇将予以批准。

将军德川家定的指示传到京都的时候，正是同哈里斯约定的三月五日。当天，幕府向朝廷提交了请求批准条约签订的书面请求。这份书面请求，实际上是堀田正睦在九条尚忠的指示下完成的。同时，在九条尚忠一边，也就此撰写了诏敕的草稿。内容是，"拜托"幕府方面深思熟虑，好好地做出回应，总而言之就是将此事责成幕府处理。

由关白来草拟诏敕已不是例外。在与幕府的交涉过程中，关白也并未一一按照天皇的指示行动。九条尚忠出于避免与幕府对立的考量，固守着关白的职责，全部按照惯例来处理幕府的请求。

但这一次的问题事关重大，已经超过了关白能按照惯例处理的范围。

天皇的主张

签约是至关重要的问题，关白为幕府准备的诏敕草稿实则与孝明天皇的想法相去甚远。

前任关白兼内览鹰司政通与现任关白九条尚忠都是在朝廷位居要职的大人物，二者对条约签订都持容许态度，但他们也清楚，在老中堀田正睦到达京都以前的一月末，天皇曾公开表示了反对签约的意见。尽管关白九条尚忠知道天皇的真实想法，却还是违背了天皇的意志而采取了行动。

在近世的朝廷、公家社会中，关白拥有比天皇更大的权力。关白的存在是为了监督天皇，避免其出轨的言行，关白肩负着统领、制约、调整朝廷和公家社会的重任。幕府考虑到关白的上述职责，常在经济上对关白进行支援。鹰司政通的情况比较特别，他在任关白34年，1856年（安政三年八月）将关白一职让予九条尚忠之后，他仍然作为朝廷的重要人物而发挥着潜在的作用。

天皇曾公开表达对鹰司政通的不满，他总是在两人的谈话中被能言善辩的鹰司政通压倒，却往往不能准确地表达出自己的意见。那年，鹰司政通68岁，而天皇只有26岁。天皇的态度大约是，准许签约将导致混乱，因此不能同意。在近世的天皇当中，孝明天皇的确是一个异类，他明确地坚持个人主张，常常反驳和自己不同的政治意见，所以确实不是一个寻常角色。

天皇关于政治、军事、外交问题表达意见常受到制约，朝廷的人事、赏罚问题等也是同理。不用考虑天皇的感想，只要经过朝议及关白承认的事实，天皇就无从异议。这是近世天皇的惯例，鹰司政通和九条尚忠都希望天皇按照惯例行事。

孝明天皇

但是孝明天皇想要打破惯例和传统表达自己的意见。天皇对于条约签订一事的反对，绝不仅仅因为他对鹰司政通和九条尚忠的排斥感。公家内部并未就此事展开充分的讨论，而且，也很难把这看成是武家的共同意见。虽然井上和岩濑的上奏书中称开国这一国是的决定经过了武家的讨论，但实际上并没有。

拒绝批准通商条约

作为特例，天皇就条约签订一事征求了公家上层中非朝议[①]人员的意见。中山忠能、正亲町三条实爱等13人公家建议，

---

① 朝廷的最高会议。由关白、内览、左大臣、右大臣、内大臣、议奏四名、武家转奏二名构成，朝议成员一共11名。之后，亲王也可参加朝议，不同阶段的朝议人数也有所区别。

应该对九条尚忠的诏敕草稿加以修正。

接下来的三月十二日，中下级公家88人以要求修改诏敕草稿为由，突然进宫参谒，像是一场聚众示威的活动。公家共有137家，以往少有两人以上的公家共同参与行动。这次抗议几乎出动了三分之二公家的代表，其中还包括天皇的近侍岩仓具视。

天皇的异议一般会被当作私人意见处理。但是这一次，天皇的意见既非突发奇想，也非任性妄为，而是被视为有正当的理由。天皇的发言无疑对公家群体和朝廷内的氛围有极大的影响。

三月二十日，天皇在小御所与老中堀田正睦会面，左大臣近卫忠熙代替关白九条尚忠向堀田口头传达了天皇的旨意："……变革锁国之良法，将涉及到人心动向，还关系到公家的群臣和国体问题，所以，出于对日后事态的担心，必须再度召集御三家、诸大名进行商议，再向天皇禀告……。"天皇当面向堀田正睦表达了拒绝批准通商条约的意思。然而，幕府依然独断专行。

4 大老井伊直弼和条约的签订

王牌登场

回到江户的老中堀田正睦,同哈里斯交涉是否可以依照半年前的计划签署条约,最终确定七月二十七日为签约之日。时间有限,必须尽快使武家意见一致。但结果,大名会议并没有召开。

四月二十三日,彦根藩主井伊直弼出任大老①。大老的地位在老中之上,只在重要时期选任,并不常置,是在非常时期设立的特别职位。井伊直弼与强悍的德川齐昭针锋相对,有着永不言弃的强韧精神和解决问题的出色能力。而且,井伊直弼对出任大老的意愿强烈,希望在这一位置上有所作为。作为谱代首席藩主的井伊直弼以幕府王牌的身份正式登场时,面临着两

---

① 大老:江户时代的大老仅从十万石以上的谱代大名中选择,临时设置,是幕府的最高官职,辅佐将军。

大难题，即解决条约签订问题和为病弱的将军家定选择继承人。

井伊直弼就任大老是将军家定的旨意，家定对他的政治能力也一直有所评价。德川家定素来体弱多病，不喜于人前露面，虽然看起来像残疾人，但却是一位头脑清晰、能明确表达自己意见的将军。

井伊直弼

将军世子（下任将军候选人）有两位，一位是和歌山藩主德川庆福（11岁），另一位是前水户藩主德川齐昭的第七子、成为一桥家养子的庆喜（20岁），将军将在两人中选定。将军家定偏向支持德川庆福，经过幕府阁老的评议，四月末内定庆福为继承人。宗家的户主尊重将军的意见，表示赞同幕府的决定。

推选德川庆喜为下任将军的，以其生父德川齐昭为首，还有越前藩主松平庆永、萨摩藩主岛津齐彬、土佐藩主山内丰信、宇和岛藩主伊达宗城等强势藩藩主，也就是俗称为一桥派的大名。他们支持庆喜的理由是，英明的庆喜具备成为杰出政治领导人的资质和手段。另外庆永等大名期待庆喜上台后可以进行幕政改革，认为庆喜的英明决断可以一改过去权力集中于老中的状况，建立能够反映诸大名意见的政治体制。他们坚信，为了克服难关，必须集中力量，构筑协力合作体制。

条约签订和英国的阴影

条约签订以意想不到的形式展开了。六月十三日，美国军舰密西西比号驶入下田港，给哈里斯带来了新的消息：在第二次鸦片战争中败北的清国，与英、美、法、俄签订了《天津条约》（该条约作为一个开国条约，允许向北京派驻公使，外国人可在中国境内旅行）。哈里斯命再次入港的波哈坦号停泊于小柴冲，十八日傍晚与井上清直、岩濑忠震两人会面，传达了《天津条约》一事，并给予日本以下"忠告"。

……一旦英国军舰来航，必定强迫日本开国通商。所以，如果先同美国签订条约，就能在日美条约的基础上应对英国。这样日本才有可能拒绝英国的过分要求……

幕府一直知道英国正对日本虎视眈眈。因为第二次鸦片战争，英国来航日本的计划被推迟了；日本也清楚英国作为世界上最强的国家，来航日本不过是时间问题。幕府的首脑集团认为，哈里斯的话极具说服力，他们同相关阁僚从十九日早晨开始，召开了评议会一起探讨应对事宜。

大老井伊直弼率先发言，他表示应避免让天皇敕许签约，然而在场者没有人积极支持他的观点。在当时情况下，多数意见是，条约签订是接受大政委任的幕府分内之事，应接受哈里斯的劝告，现在日本已经没有选择的余地，是不得不签订条约的。于是，评议会结束的当天（十九日）午后，井上清直、岩濑忠震和哈里斯在波哈坦号上签署了《日美修好通商条约》。此时距哈里斯的忠告不过一天的时日。英国海军的巨大阴影明显动摇了日本的决定。

大老井伊直弼在送别井上清直和岩濑忠震后仍然烦恼不已。井伊的内侍公用人①宇津木六之丞写道，井伊直弼被质疑，为何紧急召集诸大名却没有协调众人的意见，井伊也对于没有考虑到上述情况表示后悔，甚至出言表露过辞职想法。根据宇津木六之丞第一次的记录《公用方秘录》，直到最后井伊直弼依然陷入在深深的烦恼之中（见母利美和《井伊直弼》）。

大老的烦恼

吉田常吉的《井伊直弼》已成为定说，据该书称，大老井伊直弼决心签订条约，即使要背负未经敕许的骂名。吉田常吉说法的主要依据是现东京大学史料编纂所所藏的《公用方秘录》，其中记载井伊直弼的原话是"不经敕许的重罪，甘愿由我决定一人承担"。

但是这一史料是1887年（明治二十年）左右政府从井伊家发现的，内容已遭到篡改。原本被推断为第一次出现的《公用方秘录》中并没有引用上述井伊直弼的原话。这样看来，井

---

① 公用人：日本江户时代大名家中处理有关幕府事物的人。

伊家为井伊直弼增加心理活动，究竟有怎样的意图呢？（《史料：公用方秘录》彦根城博物馆丛书）

很明显条约签订的最终责任应归咎于井伊直弼，批评集中在他身上也是理所当然的。虽然未曾宣之于口，他也认识到必须甘心接受这一批评。但我认为井伊直弼作为大老，并没有意识到违敕是一项"重罪"。井伊直弼的"原话"实际是明治时期产生的。幕末的敕命，对于部分公家来说是早已被作废的命令，并没有像明治时期那样得到严肃的对待。井伊家有着极强的责任感，他们希望曾经对日本的未来做出过重要决定的井伊直弼，能够一直以英明决断的大老形象留在日本的历史中。

井伊直弼就任大老的前三天，即四月二十日，老中堀田正睦从京都返回江户。但是却并没有召开天皇发言里所希望的大名集体讨论。在接受了哈里斯的劝告后，至少应紧急召集留在江户的大名，才有可能进行共同商讨。不能否认幕府、大老的应对是缓慢的。

在这种背景下，被委以大政的幕府享有随机调整签约决定的权力，所以，幕府的决定迟早会得到承认。虽说如此，武家的共同商讨确实为时已晚，这也是大老的烦恼之一。但是在这一时候，恐怕多数大名都会同意签订条约，武家得到集体意见只是时间问题。

大老烦恼的关键在于，武家总体意见上达天皇的时间有所延误，导致天皇和朝廷对幕府产生不信任感，我想他并不希望天皇、朝廷与幕府之间的隔阂进一步加深。虽然大老有所觉悟，但批判他的声音依然不减。尤其,持批判意见的人并非来自公家,反而源于身为自己人的武家。

批判大老

条约签订后的六月二十四日,德川齐昭、水户藩主德川庆笃与名古屋藩主德川庆恕突然于江户登城(临时登城),请求会见大老。

作为老中与会的德川齐昭以条约签订乃违敕之罪,当面斥责大老,主张应另立松平庆永为大老。制度上不能同时存在两位大老,因此,德川齐昭逼迫井伊直弼将大老之职转交松平庆永。一同出席的老中对德川齐昭的主张不以为然,齐昭又着重强调,为了强化幕府必须做出这一决策。德川齐昭的言下之意是,他希望拥立德川庆喜为将军世子。此前,将军世子被内定为德川庆福,但这一结果尚未公开。

德川庆恕也同样表达了对大老的批判。随后,未经允许而登江户城的越前福井藩主松平庆永也就大老在条约签订的问题上违敕一事发起非难,提议选定德川庆喜为世子。德川齐昭、德川庆恕、松平庆永都理解条约签订的不得已之处,对大老的批评只是在未获敕许就签订条约这一点上。与立德川庆喜为将军世子的主张一并提出的,还有要求井伊直弼从大老之位上辞职的请愿。

第二天(二十五日),正式公布将军世子选定为和歌山藩主德川庆福。之后的七月六日，大老下令对德川齐昭处以谨慎①，德川庆恕和松平庆永也被处以谨慎或隐居。这是对他们临时登城及批判大老行为的严厉处罚。处罚的另一理由就是，大老得知了德川齐昭扣押将军、阴谋另立德川庆喜为将军的谣言，并且觉得德川庆恕和松平庆永之间会结成同盟。

七月六日，将军家定逝世。接下来，日本在七月十日与荷兰、七月十一日与俄国、七月十八日与英国，陆续签订了与日美通商条约内容一致的通商条约（与法国签约是在九月三日）。幕府想表明，接受哈里斯的建议是一个正确的选择。

关于幕府与美国签订条约一事，由老中署名的文书（老中奉书）曾在六月二十七日上交至朝廷，朝廷采取了一如既往的方针处理该文书。但是孝明天皇对此十分愤怒，甚至出言以让位相逼。关白九条尚忠等人却态度平静，事态因此平息下去。随后，天皇知晓日本与荷兰、俄国及英国也签订了条约，他无法再忍耐，便破例而展开了行动。

八月八日，天皇将弹劾大老井伊直弼的诏书（戊午密敕）下达给滞留在京都的水户藩士，并下令要求各藩均需传达诏书的要旨。这是天皇未经正式手续下达的诏书（所以才被称为密敕），是被幕府所明令禁止的政治行为。不过天皇自身并没有与幕府作对或是否定幕府的想法，他只是贯彻了一直以来批判大老的意见。

---

① 谨慎：即禁闭、幽闭，江户时代对武士身份以上者科处的刑罚之一。规定住所，封闭其入口，使被处刑者不得自由行动。

这件事情被幕府知道后，便命令水户藩将天皇的诏书交至幕府，同时禁止各藩传达天皇的意见，水户藩的志士们对此进行了抵抗。幕府担心事态向幕府反对派不断集结的方向发展，所以这是必须采取措施来应对的大事件。这样一来，幕府、大老二者同水户藩的摩擦愈加激烈，最终导致了樱田门外之变的发生。

5　破约攘夷的密约

解除误会的天皇

为了向天皇和朝廷详细说明条约签订问题,最终幕府派出了老中间部诠胜,他于九月十七日到达京都。在这之前,为了封锁针对幕府和井伊大老的反对派,相应的制裁(即安政大狱)开始了。

间部诠胜向关白九条尚忠汇报:

……可以说夷人(西洋人)是禽兽的同类。然而西方各国人才辈出,确实属强国之列,日本毫无战争胜算。因此,不论何时都不能拒绝其通商要求,条约签订不过是一时的权宜之计。今后努力充实武装军备、增强军事实力,到了那时,(我们)就可以让日美之间的条约关系"重回"到嘉永七年的日美亲善条约了……(十月二十四日)

也就是说撤回这次签署的通商条约，使日本和外国的关系重新回到亲善条约的阶段。在当时的史料中，"重回"表达的是"破约攘夷"之意，从中流露出强硬的态度。他暗示，为废除条约关系日本应开展攘夷的行动。但是幕府的"攘夷"意义众多，有多重用法，不仅意味着基于排外主义展开的行动。这一点将在后文中详细论述。

关白九条尚忠将老中间部诠胜的解释传达给了天皇。关白也向天皇提及了间部诠胜欲商议实行破约攘夷一事，天皇表示同意。所以，九条尚忠和间部诠胜交涉的结果是，确定了间部提出实行"重回（亲善条约）"与"破约攘夷"的想法。

到十二月二十四日，天皇"冰释前嫌"，由关白传达自己已经理解老中间部诠胜的意思。随后，十二月三十日，公家（朝廷）和武家（幕府、各藩）为实现"重回""锁国之良法"，合力思考应对的"良策"，天皇在短时的犹豫后，把同意实行"破约攘夷"的意见通过关白传达给了老中间部诠胜（《孝明天皇纪》）。

天皇知道，实现破约攘夷困难重重。所以，他经过暂时的犹豫，决定以实现公武一体和举国一致的体制为目标。尽管如此，天皇也思考着何时才能达成这一目标。同时，对于间部诠胜的胸有成竹，他也需要详加考虑。

密约

不过，将"重回（亲善条约）"作为解释的根据而提出的

第一人并非间部诠胜。佩里来航时期，井伊直弼曾写过一封意见书，表示当日本达到武装军备充实时，应以富国为策略与外国开展贸易。可以说井伊的意见代表了当时幕府的方针。然而问题是，在当时那个特定的时刻，井伊的想法确实可行吗？

近代欧美国家间的国际关系，是以各国间缔结的条约作为基础的。但是在东亚世界中，以中国皇帝为中心的中华秩序才是基础，东亚各国依据宽松的惯例维持着彼此间的国际关系。对于国际条约的看法，西洋和东亚间有着巨大的差异。所以，日本努力让欧美各国理解东亚的习惯和逻辑，也许在他们看来，破约攘夷也是有可能的。

无论如何，在天皇、朝廷和幕府之间，对未经许可而擅自签订条约已达成共识。但是，破约攘夷的决定尚未公开发布，大老被禁止对外泄露此事，而只有朝廷和幕府的上层知晓这一决定，朝廷和幕府结成了密约。一边与外国签订条约，一边又谋划迟早要废除条约，这种想法如果被外国知悉，不可避免地会引起国际纷争，出于这样的担忧，所以才要秘密进行。

天皇最终对幕府签订条约一事表达了理解，事实上已经许可了签约之事。但是，令幕府不快的是，这一许可未能公开发布，幕府遭到的谴责也从未停止。不过，对于大老井伊直弼来说，开国问题和将军继嗣问题等国家大事所做的决定，大概已经告一段落。他认为，自佩里来航之后，日本在对外问题上忙得不可开交，人手也十分不足，接下来是解决日本国内问题的时候了。

安政大狱

所谓大狱，是根除幕府反对派的惩戒措施，惩戒的理由是，自古以来就有对勤王志士的镇压。但是这一见解也使得井伊直弼被当作专制的政治家，因涉及到评论的逻辑，简单以图表的形式加以说明不能表现其复杂程度。

因安政大狱而获重罪被处刑的人物为切腹的安岛带刀（水户藩家老）、被斩首的茅根伊予之助（水户藩奥右笔[①]首领）、鹈饲吉左卫门（水户藩京都留守居[②]）、饭泉喜内（三条家家臣）、吉田松阴（长州藩士）、桥本左内（越前藩士）、赖三树三郎（儒者）以及受狱门[③]刑的鹈饲幸吉（水户藩京都留守居助理）八人，其中四人都是水户藩士。

另外，宫、堂上公家（被允许上殿的五位以上的上级公家）的家臣 15 人（其中一人流放孤岛，五人被处以中级流放）和宫、堂上公家 13 人（包括青莲院宫、内大臣一条忠香、前关白鹰司政通、前左大臣近卫忠熙等被处以谨慎）都遭到处罚。水户藩士和宫、堂上公家及其家臣，大多数人皆受戊午密救的牵连而被处罚。被处罚者的大多数或居住在京都，或以京都为据点展开活动。

[①] 奥右笔：江户幕府的职务名，属于若年寄（江户幕府的官职，地位次于老中），就老中的咨询展开调查、以文书的形式呈报意见，涉及幕府的机密问题。

[②] 留守居：即看门人，江户幕府的职务名，负责幕府内府、殿内守卫等。

[③] 狱门：江户时代的刑罚之一，斩首后，将其头颅放在狱门台上，在一定的场所示众。

水户藩士被予以严厉惩处的原因是因为他们与两件事有关：一是他们企图拥立德川庆喜为将军世子，二是他们不仅煽动公家及其家臣，还下达了戊午密敕这一命令。被大老井伊直弼奉为大师的心腹长野主膳，一直在京都搜集情报，他断定水户藩士的行动是一场阴谋，并把与水户藩士有接触的人一并视作其同谋。长野主膳向大老传递的这一信息，其真实性尚未确定，但大老还是相信了他的论断。

最初，幕府对于大名及其家臣，除了礼仪和婚姻方面，他们同公家在政治方面的接触行为是被严格禁止的。越前藩主松平庆永因临时登城和当面斥责大老而被处以谨慎、隐居，这一严厉处分的背景是，松平庆永曾派遣其家臣桥本左内赴京都，在鹰司家和三条家商议立德川庆喜为世子的问题，向朝廷表达意欲策动幕府的想法。

在其他一桥派的大名中，萨摩藩主岛津齐彬曾派西乡隆盛向左大臣近卫忠熙游说，试图实施动摇朝廷的计划，在幕府看来，这种行动过于放肆而不能容忍。岛津齐彬在松平庆永被处分之前，已于七月十六日在鹿儿岛病逝，如果他尚在人世，也不可避免地会遭受幕府的处分。

西乡隆盛也很危险。清水寺成就院的寺僧月照曾与水户藩京都寺留守居鹈饲吉左卫门有过密切接触，也与戊午密敕有所牵连。近卫忠熙劝说月照逃到鹿儿岛避难去寻求西乡隆盛的庇护。但是，当月照到达鹿儿岛的城下时，萨摩藩厅以反感幕府的搜查为由拒绝了他。充满责任感的西乡隆盛和月照一起，在锦江湾投水自尽，幸运的是，西乡隆盛最后苏醒了过来。藩厅谎报西乡隆盛已经死亡，为其改名菊池源吾，送他到奄美大岛处隐居，这才让他逃过了幕府的追捕。

吉田松阴的激烈论点

长野主膳在京都的篠川星岩家中召开集会，表示应将赖三树三郎、池内大学、梅田云浜等四位儒者作为反对幕府的四大天王予以敌视。在开国问题造成的混乱中，幕府构筑的统治京都之网，其实处处充满了破绽。

长州年轻的兵学家吉田松阴因其言行，而非与京都或者公家的关系受到惩处。决定对吉田松阴施以极刑的关键是，他坦白了袭击老中间部诠胜的计划。吉田松阴过激的言行，令他的塾生（松下村塾的长州藩士）也感到十分困惑。

他曾满腔热血地疾呼：

……只要人才贫乏的德川幕府尚存，日本就无法摆脱被美国、俄国、英国和法国压制的命运，天皇是英明的，而公家固守其陋习，接近外国不过是玷污神明，毫无用处。列藩的诸大名，仰仗幕府之鼻息，与醉鬼无异。挽救日本于危亡而崛起之方法，只能依赖于民间（草莽）怀高远之志的优秀人才之奋起……（《吉田松阴全集》）

他为人熟知的"草莽崛起论"的主张，完全否定了体制内的权力，无疑是一种革命论。明治维新同时融合了革命运动和国家建设，是世界史上的罕见之例。这个观点之所以没有提及作为明治维新的主体——藩士阶层，其原因是，满怀期待的塾生（长州藩士）与其师吉田松阴之间存在着显著差距。

对任何事情都诚心诚意的吉田松阴，有着非凡的个人魅力。他的言行举止中透露着万事万物都追求到底的纯真，这种清晰感往往让人产生共鸣。仅就吉田松阴袭击幕府要人一事而言，这是他为了日本的崛起，呼吁国民的奋起而背负起的使命。

1859 年（安政六年）十月二十七日，吉田松阴（29 岁）在江户传马町狱舍刑场受刑。他在前一天完

吉田松阴

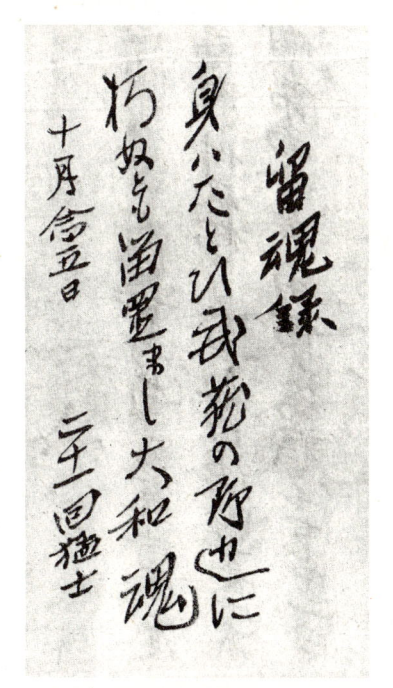

吉田松阴《留魂录》

成遗书《留魂录》，写下辞世之诗："肉躯纵曝武藏野，白骨犹唱大和魂。"他将佩里来航以后的屈辱感深藏内心，衷心期许着日本的崛起。即使生命即将终结，他仍看到复苏于日本的大和魂。吉田松阴，平静而满怀气魄地辞世了。

尽管长野主膳认可吉田松阴的能力，但却视其为图谋不轨又出众超群的危险分子。他向大老紧急报告，称吉田松阴是不可放任不管的人物。幕府的统治在此时已经十分松散，强化秩序是极为必要的。即使不由大老来做，老中内部也必须有人来完成这一紧急的课题。

暂时从政治的世界里脱离出来，让我们从其他角度重新审视一下井伊直弼。认真对待拔刀斩、禅、茶道以及国学研究，不仅仅将其作为趣味，而是变成了研究的领域，也非常关心自己的研究对象。大老所渴望的政治世界，既是理想的幕府，也是理想的统治。坚定的幕府推行的政治，是希望为日本带来安定，构建与外国对峙的体制。大老正是抱着这样的信念，才强化了秩序、处分了反对派的领头人。

但是，幕府发动安政大狱根据的是长野主膳提供的信息，而幕府对这一信息的处理是有失误的。在现代的信息社会中，为应对犹如洪水般涌来的信息，重要的课题是如何精确而迅速对大量信息加以处理。安政大狱敲响了日本通向现代之路的警钟，日本再也不能犯下同样的过错了。

第 2 章

尊王攘夷运动（1860—1863）

櫻田門外之変図（部分，茨城县立图书馆藏）

1 萨摩和长州的政治运动

樱田门外之变

　　1860年（安政七年，万延元年）三月三日上午9点左右，大老井伊直弼为了进江户城，率领藩士26人，全员共64人从江户彦根藩邸出发，沿樱田濠行进。彦根藩邸大致位于现在的国会议事堂前与濠端通三宅坂一带，确实是和位列谱代首席大名相称的庞大宅邸。这一天是公历三月二十四日，虽说告别了冬季的严寒，暴风雪却依然肆虐，在这场春季的雪日里，彦根藩士身着雨斗篷，将刀收于刀套，行走在大雪中。

　　向左拐之后便能看到樱田门，马上就要抵达杵筑藩邸（现在的警视厅所在地）之前了。在濠端，有一个水户浪士暗暗观察着大名的护卫队伍，他手持诉状，伪装成拦轿喊冤的样

年代	事件
1860 万延 1	三月,大老井伊直弼遭到袭击,被害身亡(樱田门外之变)。 四月,幕府新铸万延二分金,导致幕末发生严重通货膨胀。 七月,幕府以 10 年内实现破约攘夷为约定,为将军家茂向和宫提亲。 十月,求娶之事得到天皇敕许。
1861 文久 1	四月,为开展上海市场调查,幕府的千岁丸号出港,高杉晋作随行。 五月,长井雅乐奉长州藩主之名进京,身为朝廷要员的正亲町三条实爱提出名为"航海远略策"的开国论。
1862 文久 2	四月,萨摩藩事实上的藩主岛津久光率领藩兵上京,奉朝廷之命守卫京都。 五月,天皇公开发布与幕府结成的破约攘夷密约,敦促幕府尽快实现破约攘夷的约定。 七月,关白九条尚忠的家臣岛田左近遭到晒首。此后,恐怖事件陆续发生。 八月,生麦事件发生。 十月,天皇派遣敕使敦促幕府实现破约攘夷之约,将军家茂上京,向天皇禀报破约攘夷的对策。
1863 文久 3	三月,将军家茂上京。因幕府受大政委任,家茂接受天皇敕命,即必须成功实现破约攘夷。天皇驾临贺茂社。 四月,家茂答复天皇,破约攘夷之期将定于五月十日。 五月,长州藩炮击美国商船,下关战争爆发(十一日)。幕府同意英法的守备军在横滨居留地驻扎屯兵。 七月,萨英战争爆发。 八月,文久三年八月十八日政变爆发。

子向队伍靠近,冷不防地拔刀砍向护卫队中领头的彦根藩士。同时,轿子的另一边也出现了水户浪士,向大老的轿子靠近,以短枪射击轿中的井伊直弼,子弹从井伊的大腿进入并贯穿

了腰部，大老不能动弹了。彦根藩士纷纷解下斗篷，拔出刀剑，与水户藩士混战了起来。然而，最终水户藩士还是砍下了大老的首级。

大老井伊直弼遭到暗杀是因为水户藩士对安政大狱中受到的严厉处分极度不满。可这仅仅是部分原因。两年前（1858，安政五年）的九月，越前藩士桥本左内和三冈八郎、长州藩士山县半藏以及萨摩藩的堀仲左卫门、有马新七在江户会面，商议了三个问题，一是袭击大老引起动乱，二是由越前、长州和萨摩来保卫京都，三是革新幕政。因为桥本左内在十月二十三日遭到逮捕，一个多月前他们商议时并不知道会发生大狱。

这一年的十二月与下一年（安政六年）三月，围绕推翻大老的问题，萨摩藩和水户藩的志士开始接触，但他们的密谈并没有任何进展。之后在六月到八月的会面中，水户藩的高桥多一郎（奥祐笔首领）和金子孙二郎（郡奉行）等志士告知萨摩藩的堀仲左卫门与桦山三圆，他们拼死也要推翻大老的计划。堀仲左卫门和桦山三圆两人，都是西乡隆盛和大久保利通所领导萨摩藩有志忠诚组的成员。

但是，在八月二十八日幕府下达了十分残酷的处分，命水户藩前藩主德川齐昭永蛰居①，家老安岛带刀切腹，茅根伊予之助和鹈饲幸吉二人死罪等。高桥多一郎和金子孙二郎二人畏惧幕府的搜查，水户藩厅命他们蛰居于室，因此，推翻大

---

① 永蛰居：是江户时代对武士和公家的一种刑罚，令其闭门一室反省其言行，相当于终身禁足或幽禁。

老的计划迟迟没有进展。

萨摩藩忠诚组

　　第二年（1860，安政七年或万延元年）一月中旬，水户藩士木村权之卫门等数人到访江户的萨摩藩邸。他们围绕袭击大老的方案展开讨论，决定在一月末由木村和萨摩忠诚组的田中直之进、有村雄助（有村次左卫门）三兄弟来实施如下暗杀计划。

　　此次计划需要斩杀的目标是大老井伊直弼、老中安藤信睦和高松藩主松平赖胤三大奸人。在取得他们的首级之后，再进京向朝廷上奏禀明此事。虽然幕府的大政委任已成事实，但是还须展开行动，使废除通商条约（破约攘夷）的敕命得以颁布。萨摩藩以阻止幕府的妨碍和守卫京都、朝廷的名义，派遣藩兵3000人。这就是他们的计划。

　　计划中得以实现的只有袭击大老一事，向朝廷上奏及萨摩藩派兵未能实行。大久保利通作为鹿儿岛的忠诚组领袖，因其与水户藩的约定而强烈主张向京都派兵。但是藩主岛津茂久的生父、作为藩内核心人物的岛津久光（前藩主岛津齐彬的异母弟弟），这样说服大久保利通：

　　　　……虽然天皇谴责了一些人，但不能批评幕府。因为不知道接下来幕府将如何应对，所以现在与幕府对立并非上策。但是，一有进京的敕命，你就可以立即率兵出发……

萨摩藩忠诚组一贯以来就是以袭击大老的计划为中心展开活动。但是，推翻大老不是他们的主要目的。大老为了重建自己理想中的强大幕府，屡次与列强签订协议，幕府和朝廷的隔阂不断加深，还努力压制势力不断壮大的反对派。为了改革这样的政治，排除大老并借此推进幕政改革才是萨摩藩忠诚组行动的真实目的。

未经幕府批准而向京都出兵，依照近世社会的常识几乎是不可能的，这只会造成社会的混乱。举国一致要实现的朝廷和幕府一体化，在当时还是一个遥不可及的目标。而向京都出兵一事，却是与举国一致这一最为重要目标背道而驰的。

岛津齐彬高度评价岛津久光，赞赏他能够着眼大局，正视现实，对当下状况做出冷静的判断。而且，岛津久光还说服大久保利通要有强大的忍耐力，那时，大久保的视野尚且狭窄，却是岛津久光眼中的人才。久光出身于萨摩藩中最高的门第，是重富家的户主，不久后就成为了萨摩藩的实际藩主。当时的大久保还是一个下级武士，属于出身低微的小姓[①]组。通常来说，身份悬殊的人是不被允许会面的。

因为樱田门外之变事件，在远离朝幕中心的鹿儿岛上，日本幕末政治中的两位主角，就在此时结下了不解的渊源。

---

① 小姓：即武家的职务名，指在江户幕府若年寄的管理下，在将军身边承担杂役的小官。

再度缔结密约

这一年半里,在大老井伊直弼主宰的政治下,冻结般止步不前的人和社会在樱花盛开的季节一同活跃起来。率先开始行动的是幕府。

安藤信睦、协坂安宅、内藤信亲、久世广周四位老中联合签署请愿书,四月十一日(万延元年)向关白九条尚忠请求将军家茂和皇女和宫(仁孝天皇的第八皇女,母亲是桥本经子)结婚一事。五月四日,孝明天皇通过关白向老中们表明意向,皇女和宫已经与有栖川炽仁亲王私下订立婚约,而且,和宫害怕前往外国人众多的关东地区生活,所以此事暂容商议。

幕府没有放弃努力。六月二日,幕府继续呈递请愿书表明,将军和皇女的婚姻意味着朝廷和幕府结成亲密关系,这样会安定国内人心,有助于举国一致体制的构建,接下来就可以专心于增强幕府和各藩的军事实力,实现破约攘夷(废除通商条约)也就指日可待了。这不是权宜之计,而是幕府的真心想法。

天皇(29岁)向他的侍从兼近习岩仓具视(35岁)透露了此前与幕府签订的密约,两人围绕破约攘夷问题展开了讨论。岩仓具视作为最下级的公家,能使天皇打破传统礼仪而与之交谈,这意味着头脑灵活的他受到了天皇的认可。

岩仓具视认为,幕府如果能够信守实现破约攘夷的承诺,并且在国政的重要问题上凡事征得朝廷的许可,就可以准许将军家茂和皇女和宫的婚事。他还说道,重要的是必须昭告天下使世人知晓,这桩婚事不是幕府强制要求的,而是为了实现朝廷和幕府的亲善关系所作出的决定。

接下来,岩仓具视进一步劝说天皇,需要特别注意的是,批准将军与皇女结婚一事从表面上看并没有改变幕府大政委任的现实,但在事实上确是朝廷掌握实权的大好时机,因此,一定不能拒绝幕府的求姻(《岩仓具视关系文书》)。

天皇接受了岩仓的意见,关白通过武家转奏向幕府传达了天皇的旨意。七月四日,天皇对4位老中(本多忠民、安藤信睦、内藤亲信、久世广周)的联名请愿书做出了回复。回复表示,从现在起,在七八年甚至10年以内,日本与外国的外交交涉,在某些情况下即使动用武力("干戈")也要实现破约攘夷的目标(《孝明天皇纪》)。

这是天皇第二次就破约攘夷问题同幕府订立约定。早前的密约中,出于暂时的犹豫,天皇并未明确提出实现破约攘夷的期限,这一次则明言幕府必须在10年之内完成破约攘夷的约定,而且还主动提出了可以使用武力。但是用词如"干戈"等,不能仅仅按照字面意思理解,它反映的是要以这个词代表强硬气势与列强进行交涉。天皇对此深有理解,他借此表明了自己的态度。战争不可回避,正是天皇一贯的态度。

幕府也在这个二次订立的密约中对实现破约攘夷做出了明确承诺。然而它对此事毫无胜算,还处于从无下手的状况。对幕府而言,与天皇订立密约不过是忍耐一时的权宜之计,结果幕府因此陷入了作茧自缚的麻烦之中。

与幕府达成约定后,却始终不见它的任何动静,天皇按捺不住了。在密约结成超过一年半之后,天皇在1862年(文久二年)四月公开发布了与幕府之间的密约。密约一经公布,一时间民声沸腾,对幕府的谴责好似龙卷风一样不断壮大开来。幕府束手无策,五年半之后,幕府就崩溃了。

长州的策论

1860年(万延元年)十月十八日,和宫与将军家茂的婚事得到正式敕许。十一月一日,幕府宣布命诸大名全体登城。1861年(文久元年)十月二十日,和宫从京都出发,于十一月十五日到达江户。第二年(1862年,文久二年)二月十一日,将军与和宫的婚礼在江户城举行。

幕府散布风声,称这是朝廷强制安排的政治婚姻,知悉内情的朝廷也以牙还牙,称幕府暗藏着政治目的。然而,对于普通民众来说,这件事标志着"冰冻"时代的融雪,欢迎声不绝于耳。人们就像迎接春天一样衷心地期盼婚礼的到来。新的潮流出现了。

1861年(文久元年)五月十五日,长州藩主毛利庆亲派藩士直目付长井雅乐进京。长井面见担任朝廷要职的议奏正亲町三条实爱,提出了《航海远略策》。其内容是,朝廷和幕府的对立只会造成外国对日本的轻视,因而,日本应积极地开放"航海",学习外国技术,振兴海军力量,然后举一国之力进军海外,在此基础上日本就能一举制霸"五大洲(五大陆)",为了转向这一计划,朝廷应对幕府予以任命。

长井如梦话般意欲称霸世界的策略，并不是通常意义上的开国通商论。尽管这一计划本身承认通商的现实，但它的构想是，为了将来与列强重新缔结平等条约，日本要把向世界进发的目标作为自身的立足点。而且，计划由朝廷主导，旨在实现构筑朝廷、幕府和藩举国一致的体制。用当时的话来说，就是主张以朝廷为中心的公武合体论。

天皇和公家要员对此喜不自胜，于是命令长井将这一策论向幕府转达。长井前往江户，于七月二日拜见老中久世广周，向他详细地说明此计划。策论推行的公武合作路线维护了朝廷的颜面，对幕府来说并无不妥。随后，长井雅乐在江户等待毛利庆亲抵达，十二月三十一日，他接到名为"公武周旋的委托"的将军密令。

公武周旋，即授权汇集朝廷、幕府、藩之间的不同意见。在安政大狱中，大名因与朝廷和公家就政治问题接触过密而获罪。但这时长州藩中的任何人都可以毫无顾虑地与公家谈论政治问题。幕府的方针已经大为改变，外样大名活跃于中央政治舞台的时代就这样拉开了序幕。

对岛津久光的密令

继长州藩之后，萨摩藩也开始行动起来。

第二年（1862，文久二年）三月十六日，岛津久光（44岁）带领小松带刀（26岁，近侍，此后成为家老）和大久保利通

（32岁，御小纳户①，此后成为近侍），并率领约1000人的藩兵大军由鹿儿岛出发，四月十六日抵达京都，又顺路拜见了近卫的府邸。当时萨摩藩主是岛津久光的长子岛津茂久（22岁），但久光是事实上的藩主。参照因公外出，久光以金纹先箱②领队，以虎皮作马鞍垫，完全依大名行列的规格实行，此事在江户也很有名。

藩主率领藩兵进京一事，原本需要幕府的许可，但久光并未就此向幕府申报。作为替代，他获得了"欲上京"的天皇密令。一月他派遣大久保利通前往近卫家，向其告知他希望建议朝廷改革的想法，并通过近卫家与天皇交涉。近卫家作为摄家③，与萨摩岛津家自中世以来就有密切的关系，六月即将出任关白的近卫忠熙，其夫人就来自岛津家。

议奏中山忠能、正亲町三条实爱以及近侍岩仓具视来到近卫家，中山忠能将天皇的话（"内命"）传达给岛津久光，关于事态危险的谣言四起，天皇希望能够平息浪士（脱藩士）们的行动。

通常的情况是，天皇的意志和话语要通过关白转告给武家

---

① 小纳户：江户幕府的职务名，为若年寄的属下，负责将军的理发、膳食、庭院卫生等日常杂物。
② 先箱：指大衣箱。日本旧时大名出行时，行列最前头的随从所扛的衣物箱。箱外侧绘有家徽，表明行列的主人。箱中装有正式礼仪用的服装。
③ 摄家：即摄关家。公卿的门第之一，指可任命为摄政、关白的门第。平安中期以后，指藤原氏北家的九条家族，从镰仓时期分立为近卫、九条、二条、一条、鹰司五摄家，一直延续到江户时代。

转奏，再由武家转奏向所司代①传达。所司代的工作是负责向江户的老中报告，再根据老中的判断，将命令下达给大名。但是，因为久光采取了与传统相异的作法，所以天皇之命就成了"内敕"或"内命（内部的敕命）"。

当时的京都汇集了一大批浪士，他们来自不同的藩，持激进的主张，都扬言要成为今后的勤王志士。以福冈脱藩士平野国臣为例，他计划，待岛津久光一到大阪，在久光和诸大名接受天皇敕命的时候，就马上攻下大阪、彦根、京都二条城这三座地方，驱逐京都、大阪幕府的差役，使天皇率兵进军箱根，然后问罪于幕府。他把这个被称为"回天三论"的计划告诉了志同道合之士。

京都所司代酒井忠义（小浜藩主）的职责就是逮捕惩戒如平野国臣这样的浪士，可是，天皇不信任酒井的能力，遂命岛津久光代行此事。京都原属幕府直接管辖，而且是武家的专管领域，天皇没有预先告知幕府而直接下令指定大名（大名身份的岛津久光）来接管京都守卫，按近世社会的常识来说这是不可能的。然而，这件事实实在在地发生了。

岛津久光

---

① 所司代：室町时代侍所（武士衙门）长官"所司"的代理官员，应仁之乱后，成为实际上控制京都的要职。

在此事上，身为所司代的酒井忠义颜面尽失，而更重要的是，幕府因此权威扫地，并且人尽皆知。但是，幕府没有申诉，而是默认了这一事实。从此，日本走向了由天皇内命来启用诸大名的时代。

萨摩藩中的有马新七与平野国臣志同道合，都是想法激进的人，他们在伏见的寺田屋集会，为了呼应平野的计划，秘密商议袭击所司代一事。久光得知此事，试图说服他们放弃这一念头，然而有马等人拒不听从，于是在四月二十三日，久光派萨摩藩士出兵讨伐有马新七等八人（寺田屋事件）。

久光表示，依据萨摩藩的规章，未经许可而肆意行动之人是不可原谅的，于是他奉天皇之命处分了有马等人。这件事的结果是他获得了天皇和朝廷的极大信赖，虽然其代价是藩士的性命。萨摩藩的岛津久光就这样作为主角，在幕末中央政局的重要舞台崭露出头角。

注：萨摩的规章是在岛津久光进京之时决定下来的，严禁未经许可而与他藩之士接触。在久光出发之前，离开鹿儿岛的西乡隆盛曾与三月二十二日在下关与平野国臣有所接触，也无视了让他在下关待命的指示，就在下关出港探查情况，从大阪前往伏见。这件事触到了岛津久光的逆鳞，冲永良部岛第二次下命令将西乡隆盛流放孤岛，致使西乡度过了一年半之久的"辛酸透骨"（出自《西乡隆盛全集》中的汉诗）的生活。

2　尊王攘夷论的兴起

公布密约

平野国臣一直期待着天皇能够开展问罪幕府的行动。然而，幕府究竟何罪之有呢？与平野并称激论派两巨头的行动警世家真木和泉对此有所论述。且看他的主张：

> "西洋夷贼"测量日本海岸、自由往来于江户市中，言行举止旁若无人。就这样他们还妄想夺下日本。为了维护神国日本的独立，本应是日本奋起与之对抗的时候，但幕府却只会仰夷贼之鼻息，毫无行动的觉悟。这就是幕府重大罪责之所在。此时相继发生了地震、海啸和洪水。这是天神和地神的怒号。难道意思还不够明显吗？觉醒吧，举国一致来应对外国的压力，现在是我们反抗的时候了……（《真木和泉守遗文》）

幕府被追究的责任是，并未表露出反抗列强的态度。但真木和泉的真正目的是，希望可以督促幕府展开强有力的行动，激发民众的感情，构建举国一致的体制，并不断发展这一点。平野的想法也是如此。天皇虽然不赞同真木与平野的激论，但在这一问题上与他们持相似观点。

四月七日，天皇向廷臣告知许可和宫与将军家茂婚事之际，也公布了他与幕府的约定，即幕府必须在十年之内实现破约攘夷的目标。天皇表示，如果全国不走向一致，这个目标是很难实现的，所以，希望和宫和将军家茂的婚事可以成为举国一致的"起源"，婚事的许可也是对幕府要求的回应。

然后到了五月十一日，幕府仍未有所行动，天皇遂发表意见，自己将以非常"坚定"的决心率领公家和诸大名"亲征"。根据字面去理解天皇的意思，是他想自己作为军事最高指挥官来征讨列强，但这样是一种误解。

天皇的真实想法是，表明自己的决心，敦促幕府尽快展开行动，促使其振奋起来。对于仅有口头约定而迟迟未行动的幕府，天皇想必是十分焦虑的。因为这种心情，他贸然地公布了双方的密约。这时天皇还期待着可以以幕府为中心，开展积极的运动，构建举国一致的体制。天皇的这一理解及其对幕府的期待，至此还尚未动摇。

尊王和攘夷的合体

密约被公布后不久后就在京都市内流传，随后蔓延到各地。人们接受了天皇对攘夷（破约攘夷）的迫切愿望及其对幕府不作为的强烈谴责。进而，对幕府的政治多有不满的人们纷纷对天皇的发言表示赞赏，平野国臣和真木和泉等强硬派攘夷论者，也为天皇支持自己的主张而振奋不已。

天皇真正的意思遭到了曲解，新的潮流却盛行起来。这时攘夷论的宣扬，展示的是对幕府的批判。于是，为实现天皇衷心期盼的破约攘夷而将屈辱一扫而空，为将日本建立成真正的独立国家而不懈努力，这就是使尊王论和攘夷论合为一体的尊王攘夷论（或称尊王攘夷运动）。民众也受到尊王攘夷论的感召，尊王攘夷运动以京都为中心迅速地蓬勃发展。

民众对于尊王攘夷（尊攘）运动表示支持，是有着清楚理由的。那时日本国内正经历着史无前例的严重通货膨胀。幕府从两年前的万延元年（1860年）开始发行大量的新货币（万延二分金），这一新型货币的黄金含量只有20%，属于劣等货币。日本受开港影响而物价上升，这种新货币的发行无疑加剧了通货膨胀的问题。在民众看来，开港没有带来任何好处，生活愈发贫苦的他们对幕府的怨恨也与日俱增，对尊王攘夷运动的期待也就成了很自然的事。

此处就"攘夷"一词展开论述。岩波书店出版的《广辞苑》一书中对"攘夷论"的解释是"幕末兴起的排斥外国而主张锁国的议论"，然而这不过解释了极端排外主义者的主张。例如，担任长州藩要职（负责政务工作）的周布政之助发言称："攘夷，而后，国可开"（实现破约攘夷，缔结平等条约，才是真正意义上的开国），依《广辞苑》的解释是无法理解周布政之助的发言的。

实际在幕末的史料中,"攘夷"一词被用以各种各样的意思。因为幕末没有"条约改正"的说法,所以,日本与列强订立条约所进行的交涉就用"攘夷"一词来表现。另外,长州藩士高杉晋作及其同伴久坂玄瑞,曾经纵火烧毁位于品川御殿山、施工中的无人英国公使馆,高杉晋作认为,这次的事件代表着对抗英国的行动在不断发展,他将此事作为攘夷行动记录下来。史料中出现的"攘夷"一词的意思,必须结合时间、地点加以思考判断,可以说"攘夷"是一个相当棘手的词汇。

幕政改革

尊王攘夷论有弹劾幕府的含义,到了七月,它在京都逐渐盛行起来。关于此前岛津久光的幕政改革提议,带兵前往江户,关于之后幕府的应对,请看下文。

岛津久光拜访近卫家当天(四月十六日),提出了意见书(意见共9条)。

①破约攘夷已是天下的公论,应确定破约攘夷为基本方针。②松平春岳(庆永)就任大老一职。③辞去有名无实的将军监护人田安庆赖。以上,由朝廷向幕府提出强烈要求。④和浪人们接触、泄露天皇的想法的人因任意妄为而不再予以信任。这一点是公家应注意的。大体如上所述。

朝廷接受了久光的建议，任命大原重德为敕使。大原敕使带领岛津久光和大久保利通于六月七日乘船驶入江户。大原的任务是使一桥庆喜和松平春岳两人顺利就任幕府的职位。此事因干预到幕府的人事，所以受到幕府的强烈抵抗。但是，大原重德作为公家的老人（61岁），秉性刚直而声名在外，没有就此向幕府屈服。

六月二十六日，老中协坂安宅和板仓胜静被请到武家转奏的家宅中会谈。期间，武家转奏告知二人，大久保利通放言：如果幕府拒绝到底，（我们）就不回去。听闻此话，二人脸色大变，一言不发。过去幕府的威光已经毫无踪影，这就是现在的情况。

七月六日，一桥庆喜终于就任将军监护人一职。九日，松平春岳出任新设的政事总裁一职。至此，敕使终于完成了使命。（四月二十二日，幕府赦免了诸如一桥庆喜、松平春岳等在大老井伊政权时代受到处分的人，五月中解除了对鹰司政通、近卫忠熙等公家的处分。）

同年五月二十二日，幕府发布了百政改革的通告。改革的中心是军政改革，设置陆军总裁、海军总裁等军事职位，将陆军编为步兵、骑兵、炮兵三兵组成的常备军，并着手增强海军的实力。从井伊大老政权时期就一直是老中的安藤信睦和久世广周（也称安藤·久世政权）引退，成立以松平信义（龟冈藩主）、水野忠精（山形藩主）、板仓胜静（准中松山藩主）和井上正直（浜松藩主）为首的新体制（龙野藩主胁坂安宅于九月六日辞职）。

起用一桥庆喜和松平春岳两人，被认为是新体制的老中努力说服反对势力的结果，可以说，包含人事改革的幕政改革得以完成是一件幸事。闰八月（闰年中，八月后出现的第二个八月）二十二日，幕府放宽了对大名等人的参勤交代①制度，规定江户出府②从两年一次改为三年一次，在江户的停留时间为三个月，原本要求妻子和嫡子在江户居住（在府）的义务改为在府或在家乡都可以的自由行动。

然而，1864年（元治元年）九月一日，幕府下令重新启用参勤的旧制度。为了征讨因禁门之变而成为叛贼的长州藩，幕府力图推动各藩联合军队编为一体，这样可以显示幕府的威势。但讽刺的是，结果许多大名没有听令，这表明幕府已呈衰颓。

四贤侯会聚

时间回到八月十九日。一桥庆喜、松平春岳和岛津久光三人在一桥的家宅中，围绕久光提出的幕政改革问题展开了讨论。这是久光第一次见到庆喜和春岳。不过，春岳与岛津齐彬在拥立庆喜运动中志同道合，春岳从齐彬那里听说其弟久光是有能耐的人才，所以三人在融洽的氛围中完成了讨论。

---

① 参勤交代：幕府为统制大名，规定大名定期到江户谒见将军，基本原则是大名隔一年分别在江户和领国轮住，同时把妻、子留在江户作为人质。
② 江户出府：即进京，指江户时代武士定期去江户的规定。

讨论的主要内容如下所述：①放宽参勤制度，将所余费用用于充实海防。②订立围绕破约攘夷的外交方针，设置主管外交的大名。③幕府决定关于对外关系等问题的国家基本方针（国是），在与朝廷完成汇集意见的基础上，由将军进京，确定最终的国是。其他种种情况，列述于全部的24条建议中。

三者发言的具体内容并未留下任何记录。但是，闰八月二十二日，春岳说服老中下令放宽参勤交代制度，这是以当初三人的谈话为后盾的。最重要的是，以八月十九日为契机，庆喜（25岁）、春岳（34岁）和久光（45岁）三人结成了共同行动的合作关系。

春岳将久光介绍给了一桥派的志同道合者山内容堂（土佐前藩主，又名山内丰信，35岁，在幕府的劝告①下隐居）和伊达宗城（宇和岛前藩主，44岁，自己隐居）。之后，志向一致的春岳、久光、容堂和宗城四人就被称为四贤侯（或称四侯）。

这四人在实际上掌握了藩的实权，是事实上的藩主，同时他们也作为藩主们的父亲隐居。这样一来，他们可以自由地表达个人意见，决心行动的时候也不必有所顾虑，这就是隐居的益处，在幕末波云诡谲的政治中，他们能依据自己肩负的责任及自身的判断来应对一切事情。

四侯的共通之处是，他们一致反对使用武力与列强对决的过激攘夷论，也反感仅仅针对幕府的激论。他们认为破约攘

---

① 此处的"劝告"指幕府提出的参考意见，没有法律约束力，但事实上具有某种程度的强制力。

夷意味着：将和平的外交交涉坚持到底，幕政改革也不可急躁冒进，即使幕府倒台国家仍不能摆脱困境，因此，对于幕府应该做的，是使朝廷和幕府相辅相成，各藩合作，向着强化举国一致的体制这一方向不断努力。四侯考虑着日本的将来，达成了一致的理解。就这一点来说，庆喜也没有异议，而庆喜与四侯的合作关系在元治国是会议出现分裂（1864年二月）以前，大约持续了一年半之久。

3　政治之都——京都的尊王攘夷运动

尊攘论的兴盛

八月二十一日（1862，文久二年），岛津久光与随行的大久保利通从江户出发，前往京都。当天，久光一行人抵达生麦村（横滨市鹤见区）的时候，遇到了从上海来日的生丝商理查逊等四名英国人，他们正骑马打算去参观川崎大师。在遇到大名出行的队列时，四名英国人并不懂得避让。这种无礼的行为使萨摩藩士挥刀相向，理查逊当场死亡。这就是生麦事件。

闰八月七日，久光等人渡过京都三条大桥、由寺町道北上，在今出川道向西拐，前往位于皇宫西北角的近卫家邸。沿途挤满了京都的民众，他们把久光作为坚决进行攘夷的英雄而夹道欢迎。大久保在日记中记下了民众的狂热："我欲极尽所言……梦中的心情。"

大久保所言并非感动，相反，仿佛是一种不现实的困惑之感,所以他在日记中以"梦中"一词来描述自身的感受。不必说大久保,即使是久光或萨摩藩士也并没有意识到他们是在攘夷。在他们看来,妨碍大名行列的人应被归咎以无礼之罪,即使妨碍者是日本人,在这种场合下也会因为无礼而被砍头。在这三个多月的时间里,京都的气氛发生了剧变。

剧变的中心是长州藩。七月六日,京都的长州藩邸中,藩主以下的首脑集团举行了会议。会议商议决定长州藩的基本方针是,为了实现天皇所期盼的破约攘夷,长州藩众人必须竭尽全力。此前,长州藩曾确定其藩是(藩的基本方针)为:向朝廷尽忠节(真心竭尽全力)、向幕府尽信义、向先祖尽孝道。长州藩通过此会确认了上述藩是,在反复讨论以后,决定了今后的运动方针如下:

> 为了达成天皇和朝廷期望的破约攘夷,长州藩要诚心诚意地竭尽全力。若被幕府妨碍,则切断对幕府的信义,即使关系到藩之存亡,也应为了朝廷而尽力。对幕府的信义是基础,同时也要尊重天皇的意愿,真心诚意地为推动幕府实现破约攘夷而努力。(浦靱负日记《山口县史史料编·幕末维新》3)

条约的签署是幕府的责任。如果被列强承认的日本政府——幕府不作为的话,那不论长州藩怎样高声疾呼,破约攘夷也不会有任何进展。长州藩的任务,是督促幕府实行破约攘夷的决心,为舆论造势,给幕府施加压力。这就是长州藩新破约攘夷的藩是。收到关于此事报告的朝廷大为欣喜，攘夷的决心也愈发坚定。在这样的背景下，沿路欢迎久光的民众中甚至还可以见到女官的身影。

批判幕府和恐怖活动

以武力见长的长州藩，做好了身当领头兵为破约攘夷冲锋陷阵的觉悟。朝廷内外的强硬论者也接受了长州藩的决议，其气势愈发壮大。

七月二十日，前关白九条尚忠家臣岛田左近的首级被竹矛挑起，在四条河源①遭到晒首。旁边所立告示牌陈述了他的罪名——在安政大狱期间曾协助作为大老井伊直弼心腹的长野主膳。（犯人是萨摩藩的田中新兵卫。）此事乃抗议幕府的恐怖活动。

八月十六日，以三条实美（25岁）、壬生基修（27岁）等少壮派为核心的公家13人，就内大臣久我建通、岩仓具视等人在和宫与将军家茂结婚之际将朝廷机密泄露给幕府一事，向关白近卫忠熙提交弹劾书。朝议的结果是，给予久我、岩仓等人蛰居处分。久我和岩仓是幕府的协助者，对两人定罪是为了向幕府施加抗议的压力。这一主张大体也在朝廷内占主流。虽然天皇称这是不实之罪，但仍抵不过三条等强硬论者的势力。

---

① 四条河源位于京都的贺茂川。

八月二十七日，为了避祸，彦根藩对长野主膳处以斩刑。闰八月二十二日，九条家臣宇乡重国遭到晒首（犯人未知）。二十九日，捕吏文吉被视作幕府的走狗也遭到晒首（犯人是土佐的乡士，被称为"刽子手以藏"的冈田以藏等人）。

闰八月二十三日，久光离开京都。久光在京都提出的建议是，经过充分讨论应将破约攘夷定为国是，必须要着手构建举国一致的体制。然而朝廷内没有人认真听取久光的建议。久光对丧失理性的京都十分失望，便回藩了。

九月十二日，岩仓具视家邸被投进一封预告"替天讨伐（天诛）"的恐吓信。大胆的岩仓具视接受周围的劝告，剃发为僧，隐居于洛北①的岩仓村。九月二十二日，京都町奉行与力渡边、金藏等四人被砍头并晒首（犯人是田中新兵卫、冈田以藏、长州藩士久坂玄瑞等人）。不断激化的恐怖活动，实则含有报复安政大狱的强烈意味，自然逐渐构成了幕府的反对势力。

京都町奉行对恐怖活动畏缩不前，所司代宫津藩主本庄宗秀也未能出手支援幕府。安政大狱时期幕府的强势已不见踪影。幕府施行的对策的仅仅是在闰八月一日，任命会津藩主松平容保守护京都。十二月二十四日，容保到达京都就任。

督促攘夷的敕使和土佐藩

在参勤的途中，滞留在大阪的土佐藩主山内丰范（16岁）

---

① 洛北：指京都北部的郊外。

受朝廷所托于七月二十五日进京，当天他收到指示，即留在京都负责警备工作。第一次恐怖活动，就发生在岛田左近受袭的五天后。

岛津久光接到的命令是对浪士进行惩戒，而命令山内丰范负责警备一事主要是由幕府决定的，旨在应对京都可能发生的混乱情况。听命于山内丰范的土佐藩勤王党首领武市瑞山也随之进京。作为尊王攘夷的激论家而闻名于世的长州藩的久坂玄瑞（22岁）终于与土佐藩的武市瑞山（33岁）在京都会合。

这一年二月，久坂玄瑞通过坂本龙马将自己的亲笔信交给了武市瑞山，他写道："诸侯不足恃，公卿不足恃，纠集草莽志士之外别无他法（诸侯和公卿都不可靠，因此若我等身份低微而志向高远之士同心协力，必能挽救日本于危亡）。"

在老师吉田松阴的嘱望下，久坂玄瑞与松阴的妹妹成婚。在松阴的弟子之中，也只有久坂继承了其师的"草莽崛起论"（见43页），这个想法与武市瑞山和真木和泉等激论家是共通的。他们认为，与其期待从不主动作为的幕府、公家和诸侯，倒不如自己起来带头敦促他们展开行动。因共同的志趣而成为伙伴的武市和久坂，从此以京都为中心发起了尊王攘夷运动。

闰八月十四日，想将破约攘夷定为国是的长州藩派遣家老益田右卫门介等人赴关白近卫忠熙宅邸，表示想要确定朝廷的想法。对此，天皇在十八日召集朝廷内群臣（公家各职），表明自己没有改变攘夷的想法，希望听取群臣的坦率意见。虽然长州藩没有取得预想中的敕命，但是他们确认了天皇对破约攘夷的渴望。

天皇的言论支持了朝廷内外的攘夷强硬论者。之后，要求派遣敕使督促幕府实行破约攘夷的呼声也愈发高涨，九月二十一日的朝议决定派遣三条实美出任正使、姊小路公知出任副使。强烈推荐三条和姊小路的人正是长州藩和土佐藩的激论家们。朝彦亲王和议奏正亲町三条实爱作为朝廷内的稳健论者，担心三条和姊小路过于激进，但朝议的决定并未因此更改。

山内丰范作为敕使三条实美的随从，率领藩士抵达江户。实美的生母是土佐藩主山内丰策之女，三条家和山内家的姻亲关系固然是值得考虑的因素，但制定这一决议主要出于平衡萨摩藩和长州藩的考量。敕使于十月十二日从京都出发，二十七日到达江户。

督促幕府攘夷的敕书写道：……人民也希望将攘夷定为国是，全国已经实现人心一致，我愿天下尽快知悉，实行"攘夷"的"策略"是集武家之众意而定夺的"良策"……

天皇坚定地认为，绝对要避免与外国交战。因此，"攘夷的策略"不是以武力驱逐外国，而是通过外交交涉来废除通商条约，再重新缔结平等的条约。如果实现上述目标存在困难，那就努力实现部分条约的改正。这是天皇的破约攘夷。用现代语来说，就是条约改正，而在幕末，它被称为攘夷。攘夷的意思即，以集众意、制良策作为条约改正的手段和方法。

诸大名上京

十月十四日,天皇派遣敕使前往以下14藩:萨摩(岛津)、长州(毛利)、土佐(山内)、仙台(伊达)、熊本(细川)、福冈(黑田)、佐贺(锅岛)、久留米(有马)、冈(中川)、艺州(浅野)、冈山(池田)、鸟取(池田)、德岛(蜂须贺)、津(藤堂),让他们督促幕府将攘夷定为国家基本方针。各藩应允这一旨意,通过敕使秉明天皇,他们将为国家竭尽全力。

《孝明天皇纪》中所谓的"内旨"(天皇的内部命令),指未经武家转奏来转达天皇旨意的非正规方法,天皇不再忌惮幕府已是公然的事实,内旨代表着天皇真正的命令。天皇的命令也传达到了以上14藩以外的藩,从1863年(文久三年)正月初开始,诸大名陆续进京。当然,他们的进京并未征得幕府的许可。

到三月初,除上述14藩以外,进京的大名还有:佐土原(岛津忠宽)、高锅(秋月胤殷)、尾张(德川茂德)、久保田(佐竹义尧)、岛原(松平忠和)、米泽(上杉齐宪)、松江(松平安定)、津山(松平庆伦)、越前(松平茂昭)、筱山(青山忠敏)、高田(榊原政敬)、明石(松平庆宪)、七户(南部信民)、加贺(前田齐泰)、新发田(沟口直溥)、高槻(永井直矢)、伊予松山(久松胜成)、水户(德川庆笃)、对马(宗义达)、高松(松平赖聪),以上20藩。此后还有藩,直至八月共计超过60藩进京。

就大名的门第来看,进京的只有御三家、亲藩、谱代和外样。地域上来看,关东地区的藩对幕府较为客气而未曾进京,至于九州、中国、四国、近畿、东海、北陆、越后、东北地区都有进京的藩或大名,进京各藩的范围遍布全国。通俗来讲,以上的藩不能称为勤王藩或是从佐幕①转向勤王的藩,他们也没有联合起来拿下京都的想法。

但是,他们有一个共同点是,参加围绕国是问题而展开的讨论。在天皇颁布督促攘夷的敕书及其对十四藩的内命中,天皇希望为构筑举国一致的体制而集武家之众意,以及向着破约攘夷而努力。岛津久光、松平春岳、山内容堂、伊达宗城四人,和一桥庆喜抱有同样的想法。对此,诸大名也深有同感。

诸大名带领他们的家臣、藩兵进京,随后将军家茂上洛。这样一来,京都汇集了大量武士,一举成为政治之都。

将军上洛与攘夷的国是

十二月五日,有将军家茂署名和花押(也称书判,在署名下画押)的奉答书(回复)被交予三条敕使。奉答书写道:……已听闻敕书趣旨,策略等事,且容征集众意之后,再上洛详报……。

但此时幕府还没有破约攘夷的万全之策,也不打算为征集

---

① 佐幕:佐为"辅佐"之意,指幕府末期反对勤王倒幕的思想,而是支持江户幕府继续存在。

诸大名和民众意见而制造机会。幕府明白，如果就这样上洛，朝廷内外的强硬论者一定会逼迫自己定下攘夷之期（将破约攘夷告知外国的日子），可幕府内部并没有就这一问题再做深入讨论。

令人难以置信的是，就在这样一切还是白纸状态的情况下，将军就上洛了。这就是幕府的真实状态。在江户藩邸的松平春岳和山内容堂强烈反对将军上洛，但幕府的方针依然没变。幕府收到情报称，京都情况十分险恶，如果将军不上洛不知将会发生何事。尽管老中多不情愿，最终还是被迫做出了上洛的决定。

第二年（1863，文久三年）二月十三日，家茂及其随行人员约三千人从江户城出发，三月四日进入二条城。将军上洛一事，自第三代将军德川家光自1634年（宽永十一年）率领三十万兵上洛以来，已经过去了229年。

三月七日，家茂进宫拜谒。在小御所举行完天拜授与的仪式后，众人移步御学问所，天皇向家茂传达："为了攘夷成功而尽力吧。"当时，关白以下三大臣全部出席，席次为关白—左大臣—右大臣—内大臣，然后才是家茂。在德川家光进宫拜谒的时候，家光位于最上席，以下才是关白、左大臣、右大臣、内大臣。正如老中所担心的那样，家茂受到了屈辱的对待。

那天，关白鹰司辅熙向家茂传达了天皇的旨意（敕命）。在幕末政治的潮流占据重要地位的这一敕命，全文以现代文引用如下：

征夷将军的职务,一如过去的委任,关键时刻遵奉天子圣虑(天皇的意志),以正君臣名分,举国(全国)一致,取得攘夷之成功(完成),开创人心顺服(成为一体)之政治,依据情况,国是可交各藩自行处理,但须事先下命。

敕命开头的意思是,征夷大将军是一直以来被委任给将军的政务(大政)。对将军的政务委任,一直都是天皇、朝廷与将军、幕府之间默认的事情。这一敕命首次在书面上记载大政委任一事,具有历史性的意义。

敕命也继续提出,要通过举国体制(举国一致)来实现破约攘夷。对于这一敕书,家茂提交了表示谨慎遵从("奉畏")的承诺书。至此,攘夷作为国是得以正式确立,攘夷的行动也必须按照敕命来执行。

另一个需要注意的问题是,敕令还决定,关于攸关国家利益的重要事情(国是),不经幕府、不需汇集意见,朝廷可以直接向大名发布命令。也就是说,以往的天皇内命被公开化了。诸大名可以从朝廷和幕府双方受命,如果朝廷和幕府的意见不一,就可能发生混乱。两个月之后,攘夷的实行成为现实。

4 实行攘夷

攘夷祈愿的行幸

家茂从江户出发的两天前,即二月二十一日,长州藩士久坂玄瑞、寺岛忠三郎和熊本藩士轰武兵卫三人,径自到关白鹰司辅熙的府邸,逼迫他尽快决定实行攘夷的期限。他们威胁关白说:"如果不听我等的意见,我们就在这里切腹。"

与三人志同道合的熊本藩的宫部鼎藏、河上彦斋,土佐藩的武市瑞山、平井收二郎,水户藩的金子勇二郎、大胡聿藏以及长州藩的佐佐木男也,他们与久坂、寺岛等人举行了集会,长州藩世子毛利定宏也出席了他们的慰劳会,定宏还灌了他们许多酒。

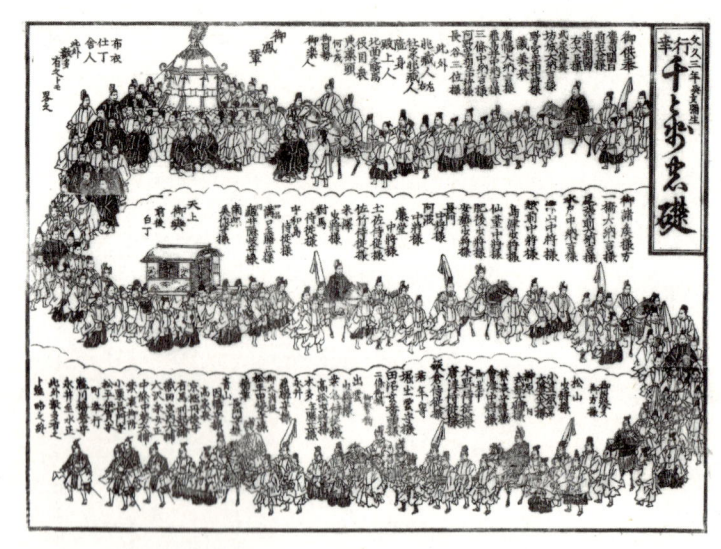

贺茂社行幸（作者藏）

何时实行破约攘夷，众人期待着从将军的口中听到明确的日期。家茂就这样被叫来京都，卷入了京都不同寻常的氛围中。家茂尚未从长途疲惫中恢复，天皇就令他随行，同赴贺茂社行幸。

为了祈祷攘夷成功，1863年（文久三年）三月十一日，孝明天皇赴贺茂别雷神社（京都市北区上贺茂）与贺茂御祖神社（左京区下鸭）行幸。天皇在皇宫外的行幸，自江户初期1626年（宽永三年）后水尾天皇行幸上洛的将军德川家光所等候的二条城以来，至此已经有237年。近世的天皇已有两百年多年不曾了解外面的世界，这就是天皇的生活。这是幕府的过错。

行幸给人们留下了鲜明而深刻的印象。关白作为权势最高的公卿，理所当然伴随在天皇所乘凤辇（天皇行幸乘坐）前后，池田茂政（冈山藩主）、宗义达（对马藩主）、龟井兹监（津和野藩主）、佐竹义尧（久保田藩主）、毛利定宏（长州藩世子）、细川庆顺（熊本藩主）、上杉齐宪（米泽藩主）、伊达宗城（前宇和岛藩主）、池田庆德（鸟取藩主）、伊达庆邦（仙台藩主）、蜂须贺齐裕（德岛藩主）则充当头阵；在天皇所乘坐的凤辇之后，以将军家茂、德川庆笃（水户藩主）、一桥庆喜、老中等武家为后阵，行幸的队列就是这样的。

根据近世社会的常识，天皇和朝廷是处于幕府的政治支配下的。但是这次常识被推翻了。这次行幸并非一次仪式，而是旨在祈祷被确定为国是的破约攘夷能够成功，是一项重要的政治行为。行幸中，天皇使将军和大名跟随在自己之后，无言地彰显着自己已身处于日本国家的最高位置。

决定攘夷的期限

一个月后的四月十一日，为了攘夷祈愿，天皇将于南山城的石清水八幡宫（京都府八幡市）再次行幸。与上次行幸的队列相同，公家和诸大名相随于凤辇前后，这次行幸将军家茂以生病为由，没有参加。

与贺茂社行幸不同的是，此次行幸被提前公布，围观的群众甚多。京都的旅馆中挤满了游客，就连伏见、淀、八幡、枚方的旅店也全部满客。天皇已有230年以上没有在民众眼前露面，人们怀着对天皇的极大兴趣，都想要一睹其真容而聚集在京都。人们还发现，能使将军和大名跟随在后的天皇简直像脱胎换骨一般。可实际是，天皇坐在凤辇之中，别说是脸，他未将身体的任何一个部分展示在民众眼前。

虽然看不见天皇的身姿，但人们确认了一个事实，即天皇为实现攘夷做出了积极的行动。天皇行幸的场景被描绘为多色的浮世绘版画或单色的墨摺①，在民间广泛流传开来。无法亲眼看见行幸的人通过这些印刷品把行幸的情景口口相传，使其他人了解到行幸的热烈气氛。

提出并策划行幸一事的是以毛利定宏为核心的激论家集团。他们的目标是，以行幸为名制造攘夷的舆论，推进攘夷的实行，直到一举决定攘夷日期。

实行攘夷的期限，指告知与日本缔结通商条约的外国废除条约之期。因为没有提前的交涉，所以这是单方面的通知。日本将会在与外国沟通的过程中产生怎样的问题，没有人能作出预测。所以这绝非成功的攘夷。老中费劲心思地避免明说攘夷的期限，却没有想出任何好主意。随后，四月二日，幕府答复朝廷，将五月十日定为攘夷之期。

第二天，朝廷通过武家转奏向京都的各藩留守居下达敕命，告知了攘夷的期限。然后，幕府于二十三日向各藩通告。朝廷和命令和幕府的通告一并引用如下：

---

① 墨摺：指只使用墨来印刷的木版画。

【朝廷】"拒绝外夷"的期限，已定为下个月的五月十日，还须整治军政，驱逐丑夷。

【幕府】攘夷一事，将于五月十日驱逐（列强），朝廷下达此令，由大家各自领会，严格防备本国海岸防御，一旦外国来袭，必须加以驱逐。

"拒绝外夷"的期限，就是告知外国破约攘夷的日期。但是，这对于外国来说是单方面的通知，外国不会就这样默默接受。考虑到外国方面有可能采取行动，整治军备是必要的。如果强硬的西洋人（丑夷）拒不服从，采取粗鲁野蛮的行动，这时即使动用武力，也一定要将外夷驱逐出去。朝廷的命令就是此意。

幕府的通告主要针对的是沿海各藩（强势藩几乎都位于沿海一带），一旦外国"来袭"，便予以"驱逐"，通告中清楚地记载了这一限定条件，这点很重要。朝廷的命令是全凭武家防守，而作为被驱逐对象的西洋人则没有任何限定，其范围被扩大了。为了避免造成这一理解，幕府的通告包含了言外的暗示。

下关攘夷战争

五月九日，老中小笠原长行前往横滨，向英国代理公使尼尔（公使阿尔柯克已回国）支付生麦事件的赔偿金44万美元，接下来他面见各国公使，告知朝廷下达给将军的命令：作为国家方针，日本拒绝与外国交往、建立通商关系，将封锁各港口,遣返居留在日本的外国人。这就是破约攘夷的通知。

幕府解决生麦事件中悬而未决的赔偿金问题后,计划横滨锁港的交涉,可是各国公使对此反应冷淡。第二天(十日),各国以书面形式谴责了日本断绝邦交一事,表示日本若强制要求撤回居留民的话,将果断采取自卫行动予以抗议。幕府的计划从最初就是行不通的。

各国态度愈发强硬,在下关(山口县),长州藩和美国、法国、荷兰之间开战了。五月十一日凌晨两点多,长州藩的两只军舰庚申号、癸亥号对停泊于小仓藩领地浦冲的美国商船彭布罗克号发起炮击。长州藩的两只军舰发射了12发炮弹,仅有其中3发使美国商船受到轻微损伤,美国商船逃跑了。

前一天的午后,停泊的彭布罗克号商船就已经被发现,但长州藩的上层并不打算进行攻击。但是,下关的警备队伍中,有久坂玄瑞的部下——被称为光明寺党的浪士队,他们知道彭布罗克号是美国商船,决定对其发起炮击。他们无视了幕府通告中要求只能在外国来袭之时进行攻击的命令,而是遵从朝廷命令,做出了"驱逐"之举。

实行攘夷而赶走了外国人,这在藩内引起了极大的轰动。二十三日,驶向长崎的法国军舰凯颂号,在对此前彭布罗克号事件不知情的情况下,从长府冲进入海峡,结果遭到了长州藩炮台的轰击。二十六日,驶向横滨的荷兰军舰美杜莎号也遭炮击,致使四名水兵死亡。荷兰事先知晓长州藩针对美法两国船只的攘夷行动,但认为凭借和日本自古以来的深交关系,日本绝对不会像对待美法那样进行攻击自己,这实在是大意了。

朝廷收到此事的报告，天皇对于长州藩如期拒绝外夷、进行驱逐的行为，大为喜悦，甚至表示："为了扬威海外，继续发奋吧。"六月一日，天皇的话被传达给长州藩主毛利庆亲。然而天皇还说，要避免与外国交战，但这一点没有被传达下去，恐怕是三条实美等强硬论者有意为之。

同年六月一日，长州藩受到美国军舰怀俄明号的攻击，六月五日受到法国军舰坦克雷德号和塞米勒米斯号两只军舰的联合炮击。在外国方面看来，这不过是回击长州藩率先发起的挑衅而已。

怀俄明号的炮击力量远胜于长州藩的炮台，日本军舰庚申丸号、壬戌丸号被击沉，癸亥丸号受到致命损伤，长州藩军舰至此全部覆灭。两只法国军舰的炮击，使长州的炮台丧失还击之力，塞米勒米斯号的陆战队还登陆破坏长州藩炮台，使它彻底作废。虽然，在双方的炮击中，美、法两国也有死伤者数名，军舰也遭一定程度的损毁，但这场战争最后还是以长州军的完败告终（古川薰《幕末长州的攘夷战争》）。

但是长州藩没有因此气馁。他们组织农民加入奇兵队，以此补充藩的正规军。长州对攘夷的藩论从未产生动摇，直到第二年八月在英美法荷四国联合舰队的攻击下再次败北。

萨英战争

六月二十二日，英国东印度中国舰队司令官库珀和代理公使尼尔乘军舰尤里亚勒斯号,率领六艘军舰从横滨向鹿儿岛进发。当时,英国方面已经接受了幕府因生麦事件支付的赔偿金。但英国要求将杀害理查逊的犯人予以处刑,还要求幕府赔偿理查逊的亲属等,库珀和尼尔带着这一任务,决定同萨摩藩直接交涉。

英国舰队于二十七日到达鹿儿岛。萨摩藩通过横滨—长崎的情报网得知了英国来航一事及其理由,也知晓了英国没有战争意图。第二天,萨摩藩派遣官员到英国舰队的旗舰上,询问其再次来访的目的。尼尔表示,萨摩藩必须就上面提到的英方要求在 24 小时内做出答复。

英舰入港战争图　柳田龙雪画（尚古美术馆藏）

萨摩藩对此的回答是，犯人已经失踪，赔偿金的问题待日后萨摩藩、幕府与英国共同会谈协商后再决定。尼尔难以接受这一极不诚实的回复，作为报复，他扣留了青鹰丸号、白凤丸号与天佑丸号这三艘萨摩的汽船。随后，萨摩向幕府通告"来袭"一事，"攘夷"的战争就此爆发。

七月二日，在猛烈的台风中，萨摩的天保山炮台一齐向英军舰队开炮。对萨摩藩而言幸运的是，英国军舰虽然搭载最新型的大炮，但由于船身剧烈摇晃，炮弹的发射难以瞄准，命中率低。英舰还停在了萨摩炮兵平日进行演练的位置，这是萨摩军再熟悉不过的地带。英国人将在横滨接收的赔偿金放在旗舰尤里亚勒斯号弹药库前，移走就花了两个小时，这与他们的预想大有出入。因此，萨英的初战即陷入了苦战。

但是，英国很快调整了状态，开始进行反击。萨摩的炮台全部被破坏殆尽。由炮轰导致的火灾随着强风愈演愈烈，几乎烧毁了鹿儿岛市街中心的大半部分。八月一日，战争结束。八月三日，英国舰队从鹿儿岛湾口撤退，紧急修复了受损的军舰。四日，英军离开鹿儿岛。英国方面最后的战况是，旗舰舰长琼斯林和副舰长威尔莫特当场死亡，另有13人死亡，50人受伤。

岛津久光写信告知伊达宗城，信中称萨摩藩不至于"彻底失败"是因为"侥幸"。长州藩初战告捷是源于偷袭，而萨摩藩则是和世界最强的大英帝国海军正面交战，萨摩已有彻底失败的觉悟。他们没考虑过获胜、失败的事。萨摩藩不仅有台风相助，还遇到各种幸运的契机，这些因素决定了萨英战争的结果。倾尽全力地抵抗，这也是攘夷行动。

日本国防军的必要性

岛津久光和萨摩藩的首脑集团为了同英国讲和，不久后就采取了行动。九月二十八日，他们在横滨的英国公使馆展开谈判，十月十五日达成协议。为何讲和发生地如此仓促？久光在对藩内的通告中做出如下论述。

外国方面早晚要结盟，现在他们的联合舰队已经涌向鹿儿岛了。这种情况下，没有幕府和各藩支援的情况下，萨摩藩很难单独将"攘夷"进行下去。此时与英国讲和，才能期待在将来实现富国强兵的时候实现"成功攘夷"。

对长州藩事态的考虑，是久光做出这一论述的原因。下关攘夷战争之后的六月十六日，朝廷下命，为防外国再度袭击，令长州藩支援福冈、秋月、中津、小仓与津和野五藩。另一方面，幕府却在七月九日严格禁止长州藩向外国船只任意开炮。朝廷和幕府的命令出现了矛盾，五藩决定静观其变。

长州藩派遣使节到艺州和熊本两藩请求支援却遭到了拒绝，又转向萨摩藩请求援军协助，萨摩藩以为了防范英国海军的再度来袭为由表示拒绝。现实的判断决定了各藩的态度，他们既担心首当其冲的长州藩，又认为即使有援军助阵也毫无得胜的希望，但最大的问题还是幕府和藩的关系问题。

幕府严格禁止两藩或多藩之间的军事合作或联盟关系，因为这也许会使反德川的势力集结起来。因此，如果幕府不做出重大的转变，或者下达有说服力的合作命令，那么各藩就不得不慎重决定自己的态度。此次事件，若从日本国家防卫的角度出发，确实一个极其重要的问题。

六月二十九日，土佐藩的浪士坂本龙马与越前藩目付村田氏寿在京都的越前藩邸进行会谈。龙马深受胜海舟信赖，身为海舟私塾的第一名，被海舟誉为可用之材。松平春岳为胜海舟设立的临时海军所（神户海军操练所的前身）提供资金支持，胜海舟为表感谢，登门拜访春岳，展开了如下对话。

胜海舟转述了龙马的看法。依龙马之见，下关攘夷战争中不是长州藩败了，而是日本败了。幕府的官员允许外国在江户修理其受损军舰，而这军舰随后被用来攻击长州，龙马甚至认为，这样的幕府"奸吏"必须要予以枪毙。相信不实情报而发表过激言论的龙马，正如武市瑞山的评价"这就是龙马"，总是言过其实。

越前藩邸中，龙马对村田说：长州就这样被外国攻下了，再反攻是极为困难的。必须尽快采取措施。应该通过谈判让外国从日本撤走，为此必须先铲除幕府的"奸吏"。一旦遭遇外国攻击，也只能打"全国一致"的防御战。他强调，构建这一体制是当务之急。

村田的意见却认为赶走外国人几乎是不可能的。这是他慎重地听取了春岳的想法后得出的结论。现实来说，令长州藩与外国讲和、暂且先支付赔款才是明智之举。他认为，长州藩轻率地对外国船发起炮击，首先应解决自己的责任。如果这不是攘夷强硬论者的观点,那他的话也确实能反映当时的意见。

但是,龙马不肯退让。他说:难道要对拼死保护国家的长州藩见死不救吗?只要长州不放弃攘夷,必定会被外国攻下。此时必须以"全国一致"之力进行防御。难道日本的部分领土被外国占领也可以吗?龙马极力表明了自己的主张。村田表示反对,认为不能为了长州一藩而牺牲日本全国。然而他的说法没有任何感染力,龙马的意见才是合乎道理的主张。

"全国一致"之力,指在举国一致的体制下,幕府和各藩联合起来构筑日本国家的防卫军。这个想法在当时的日本基本上是落空了。佩里来航以来,日本一直饱受屈辱,怀着如果举国一致努力的想法,相信总有一天日本会崛起。但是,举国一致的体制至今还未有任何进展。

长州和萨摩的攘夷战争再度使日本国家的危急状况紧迫非常。龙马就在这时候提出了"清洗日本"的说法。他经过认真思考提出:先将幕府的奸吏留下的污点清洗干净,然后再实现日本的崛起。

5 文久三年八月政变

铲除奸佞

实际只有长州和萨摩两藩实行了以武力驱逐敌人的攘夷行动。长州藩虽然彻底失败了，却没有放弃继续攘夷的决心。攘夷是天皇的命令，长州藩奉命执行（奉敕），这是长州藩的藩是。

萨摩藩虽然没有输掉战争，但它放弃了日后的攘夷方针。理由是，它确定天皇并不希望以武力攘夷。萨摩藩的根据是什么呢？此前，天皇在五月三十一日写给久光的信里提到过此事。

天皇在信中写道：……没有实现我所期望的攘夷，就连伪敕也出现了，真是可悲至极。我欲实现公武合体"铲除奸人"，请你速速进京……

信的意思是，天皇所不希望看到的攘夷反倒实现了，这就是长州藩的下关攘夷战争。天皇所谓的伪敕是指，四月二十一日下达的、将五月十日定为"驱逐丑夷"之期的敕命。下发这一伪敕的人,则是"奸人"三条实美等攘夷强硬论者。天皇的本意也是"驱逐"夷人,但他没有在敕命中明说出来。

前关白近卫忠熙感叹,像三条实美这样"蛮劣的殿上人"愈来愈多。以天皇为首,近卫忠熙和朝彦亲王等稳健论者对三条实美等人的忍耐也达到了极限。于是,天皇决心将强硬论者从朝廷中一举铲除,为此他向久光求助。他们最不想看到的就是与外国发生战争的可能性。

天皇的信通过近卫忠熙传到萨摩藩京都看门人本田弥右卫门手里,不借飞脚①之力,本田一人将天皇的信笺护送出京都。六月九日他抵达鹿儿岛。当时从京都到鹿儿岛有10天的脚程,大概可以推知,本田五月三十日从京都出发。出发之时,京都萨摩藩邸只留数名看门人与150人左右的藩兵,藩的首脑集团一个人也没有留下。

久光迟迟未有行动。实际上,三月十四日天皇行幸贺茂社之后,久光就进京了,与近卫忠熙·忠房两父子、关白鹰司辅熙、朝彦亲王、一桥庆喜、松平容保、山内容堂七人会合,他们在近卫宅邸内,提出了以下要求:不要草率决定攘夷的期限、不要轻信脱藩者的妄言、辞退轻信"妄言家"的公家等等……。然而,即使有这样的强势者,他们也畏惧于"妄言家"的恐吓,全部保持沉默。久光对此十分失望,仅在京都停留了

---

① 飞脚:指传递紧急文件、金银等小件货物的搬运工,源于律令制的驿马。既有幕府公用的传递飞脚和各藩专用的大名飞脚,也有民间的町飞脚等。1871年(明治四年)随着邮政制度的建立而废除。

四天就立即返乡。对于久光来说，这是一段不愉快的经历。

久光认为，如果没有朝廷内外的合作者，仅靠一人之力，必定一事无成。当他收到英国舰队攻向鹿儿岛的情报时，他也确实没有进京的时间。所以说，久光并非不服从京都的命令，他收到来自京都的情报后便立即开会商讨，证明他确实在思考应对的策略。

萨摩的决意

就在此时，作为尊攘运动活动家的长老，以及激进论领袖的真木和泉（50岁）于六月八日从久留米出发前往京都。

真木和泉早早进京，向长州藩士木户孝允（桂小五郎）建议天皇到大阪亲征行幸一事。真木计划："天皇为了攘夷必须以强势的姿态示人，如此才可以举国一致、使长州藩得到支援。"当然，天皇自身完全没有行幸的心情。

六月二十六日，真木和泉接到命令，要求他到学习院担任公职。学习院是公家的学校，设在建春门的东边。如果就此事征求天皇的意见，一定会被立刻否决。所以，这一人事命令恐怕是由木户孝允提出、三条实美推荐而得以决定的。学习院是攘夷强硬论者集会的场所，它以真木和泉为中心，也会强制天皇出席活动，行幸计划就是这样推进的。

深有危机感的近卫忠熙、朝彦亲王、二条齐敬（右大臣，之后担任关白）和鹰司政通等人商谈之后，在七月十二日，下达召岛津久光进京的敕命。敕命写道："……为求亲征之助力，请速速进京……"这份敕命，才是真真正正的敕命。

从敕命的表面上看不出久光被寄予了怎样的期待。但是对于三条实美和真木和泉来说，他们并不希望久光进京。十七日，敕命突然被取消。也许是三条实美在朝议上强制取消了敕命。不必说，他没有听取天皇的反对意见。此时，天皇已经难以抑制自己的怒气了。

同一天，天皇传达了书面旨意，逼迫关白鹰司辅熙、议奏三条实美、广幡忠礼、长谷信笃、德大寺实则五人"要么自己辞职，要么被朝廷辞退"。广幡、长谷、德大寺三人都是三条实美的支持者。鹰司辅熙虽然与三条实美保持着距离，但是他对长州藩事件表示理解的态度，使其朝廷负责人的地位遭到质疑。

天皇的愤怒很快散布到朝廷外部。萨摩藩邸的村山齐助二十一日从京都出发，七月末向以久光为首的萨摩藩首脑集团汇报了敕命取消一事，也转达了天皇的愤怒。这时萨摩藩首脑集团作出决定，为实现天皇期盼的"铲除奸人"将立即展开行动。

然而，久光率藩兵进京后并不能用武力将三条等排除。以武力介入朝廷政治是要招致批判的。另外，萨摩藩的目的也并非铲除京都的长州藩势力。民众中也有不少发自内心地支持长州藩的人，萨摩藩可以想见，一旦以武力排挤长州藩，一定会遭到强烈批判。这对于萨摩藩没有一点好处。

这场政变至今仍然遭到不少误解。可以说，驱逐长州藩是随着政变相继发生的，事先没有任何计划，萨摩藩更没有这样的打算。萨摩藩不过是摁下了政变的开关而已。

失控的强硬论者

村山齐助在萨摩藩首脑集团的指示下负责留守萨摩藩，就在他留守的20天内，京都的政情陷入了愈发混乱的局面。

八月四日，武家转奏野宫定功秘密通知留在京都的冈山藩主池田茂政，朝廷将会给予小仓藩处分意见，须引起注意。处分意见综合了真木和泉与长州藩士的想法，通过朝议商讨决定下来。野宫从始至终都保持中立态度，仅出于对决议内容的担心，从内部泄露了这一朝廷决定。处分意见如下所述。没收小仓藩主小笠原忠干的官位（从四位下）及领地十五万石，但将小仓藩主过去领地中的三万石授予其继承者。处分的理由是，小仓藩没有协助长州藩的下关攘夷战争，而且在法国军舰向日本报复攻击之时，小仓藩还允许法国士兵在田浦登陆。小仓藩的所作所为属于通敌卖国的行径。

对小仓藩的处分也是对未协助长州藩的其他各藩以儆效尤，另一方面，攘夷强硬论者也想借此增长气势。但是，这一处分决定遭到了留在京都的池田茂政、鸟取藩主池田庆德、德岛藩主蜂须贺齐裕、米泽藩主上杉齐宪，这四大名的强烈反对。

大名的领地和地位是由将军的朱印状保障的，若被小部分势力左右，武家社会的秩序就崩溃了。长州藩希望给予小仓藩严重处分，如果小仓藩拒不接受，就有可能演变为长州藩与小仓藩之间的战争，甚至导致内乱。内乱足以使国家倾覆，清国的现状就是一个很好的例子。四大名强烈反对这一处分，也是出于担心内乱发生的危机感。

上一年（1862，文久二年），清国为了解决历经十年多的民众叛乱（太平天国之乱），引入英军成为镇压的主力军，结果使英国愈发频繁地介入到清国的内部。同年夏天，长州藩的高杉晋作作为幕府上海调查团的一员驻留在上海，目睹清国人在英国人面前卑躬屈膝的姿态，发出感叹："清国就像英国的殖民地一样啊。"然后他在日记中写道："与对外战争相比，恐怕内乱才是导致国家灭亡的原因。"

就在小仓藩的问题浮出水面之际，天皇的行幸地也从大阪改为大和（奈良）。这一变更，是考虑大阪受到了外国方面的强烈刺激。从八月十三日下发的诏书字面上理解，计划参拜神武帝山棱与春日社，为成功破约攘夷而祈愿之后，继续留在大和商讨"军议"。军议可以理解为对外决意的确认仪式。

可是问题在于，计划里既要在行幸中下达对小仓藩的处分命令，又要对未遵从实行攘夷的敕命（驱逐丑夷）而"违敕"的幕府官员及诸大名进行"天诛"，一旦计划予以实施，必然导致大混乱发生。众人担心这已是内乱的暴风雨袭来的前势。

但是，真木和泉没有放弃行动。他的日记中记载，他与三条实美、广幡忠礼、德大寺实则、长谷信笃（以上为议奏）及丰冈随资、东久世通禧、鸟丸光德、万里小路博房（以上是国事参政）等强硬论者会面，试图在朝议中制定上述决议。十二日朝议通过行幸的决定，当天真木与长州藩家老益田弹正举杯庆祝了一番。第二天，即十三日，天皇下发拒绝大和行幸的诏令。三条和真木不得已要采取冒进的行动了。

参加朝议的成员中，对行幸一事的意见多有出入。关白鹰司辅熙最初持慎重态度，这时他转而支持行幸。左大臣一条忠香中立，右大臣二条齐敬反对，内大臣德大寺公纯反对。议奏三条、广幡、长谷、德大寺则积极赞成。武家转奏野宫定功和飞鸟井雅典则坚定地保持中立。朝彦亲王强烈反对。

朝议最终依三条等四名议奏的意见作出了决定，包括处分小仓藩、取消久光进京的敕命，以及定论"驱逐丑夷"乃"伪敕"。朝廷和朝议之间出现了巨大的矛盾。天皇希望久光铲除的"奸人"，首先就是三条等四名议奏。

政变的准备

在岛津久光和萨摩藩首脑集团的指示下，村山齐助于十三日上午（有说法是十二日晚上。他从鹿儿岛出发的时间是八月一日）返回京都。藩邸的高崎左太郎当天随后出发。

久光仔细嘱咐村山的话，大体如下所述：须从朝政中铲除包含三条等四名议奏在内的"奸人"，使朝廷恢复正常。为此要团结朝彦亲王等朝廷要员。一旦发生混乱，须取得京都守卫队松平容保（会津藩主）及京都所司代、稻叶正邦的协助。确认天皇的意向也极为重要。高崎出发后,在针对以上要点汇集大家的意见。可能的话,再提出久光率藩兵进京的请求。以上是久光指示的主要内容。京都政局动荡不已,久光很难做出更加详细的指示。

十三日,高崎左太郎向会津藩士秋月悌次郎详细地传达了久光的指示并进行了商谈。秋月把高崎的话告知藩主松平容保,容保承诺如果朝彦亲王同意,他将全力合作。此外,他还召回了为轮班而返回会津的藩士。容保的态度无疑是积极的。接下来,高崎同朝彦亲王会谈,亲王也表示积极支持久光的计划。这是因为一旦有要事发生,他可以得到担任守卫的容保和属下藩士的保护,并无后顾之忧。

高崎与秋月的谈话无疑是具有说服力的。如果秋月对高崎是否在谈话中加入了个人意见有疑问的话,他就不会向藩主容保转达两人的谈话。当然容保对两人的谈话也没有兴趣。由此朝彦亲王的反应也将有所不同。

不同意见认为,虽然史书没有记载,但是高崎应该受到了斥责。近年来,越来越多的恶趣味历史小说作为伪论文被刊登在学术杂志上,他们宣称,政变是高崎的个人计划,结果反而大获成功,萨摩藩的首脑集团高兴地奖赏了高崎。这些文章误读、误解了史料,也没有理解史料中的敬语表达,就做出了草率的判断。编辑委员的审查也存在问题,他们也许和作者的水平相当,居然没有看出文章的缺陷。漫画和动画也是如此,这种过度阐释历史的作品只能逗人一笑。然而,这是关系到历史研究的最基本的问题,笔者借此机会在这里特别指出。

最后，高崎到近卫家邸与近卫忠熙商谈。但是，由于朝廷内少有合作者，忠熙态度非常消极。以往来说，首先应该要与近卫忠熙商谈，再去会见其他人，然而高崎如此行动则是奉了久光的命令。忠熙是名门摄家之后，性情温厚，平易近人，但在决断上稍显不足，对于一人承办此次要事，忠熙深感负担。

十五日，高崎与朝彦亲王讨论此前与会津共同制定的政变实施方案（政变的顺序是，先处分三条实美等人，再免去真木和泉等人的职务）。至此，亲王实施政变的决心已十分强烈，但近卫忠熙仍踌躇不前。实施方案的具体内容与久光的指示已大相径庭。这份方案，实际是由高崎、会津以及亲王三者共同商议决定下来的。

十六日一早，朝彦亲王入宫参见，欲当面告知天皇政变的诸多细节。但是，天皇受痔疮所困，如厕时间过长，而且一过8点公家将进宫拜谒，亲王只讲了计划的大概后就急忙告退。到了夜晚，亲王才收到天皇决定实行政变的信笺，天皇表示，希望亲王之后再将详细安排禀告给他。

十七日，根据高崎的提议，会津藩把实行政变的计划告诉右大臣二条齐敬，并且获得了他的首肯。此前，内大臣德大寺公纯也同意了这一计划。这时近卫忠熙才告诉高崎他好不容易下定了决心。之后通过容保告知了京都所司代稻叶正邦。

晚上，朝彦亲王、二条齐敬、德大寺公纯、近卫忠熙进宫拜见天皇，确认天皇的意见后，松平容保、稻叶正邦二人也加入其中，一同商议实行政变的最终执行。政变终于要发生了。

八月十八日政变

第二天4点前，会津（1800名藩士）、淀（460名藩士）、萨摩（150名藩士）三路藩兵一齐出动，牢牢封锁了位于皇宫正南面、天皇出入必经的建礼门（以下按顺时针方向列出）、西侧的宜秋门（公家门）、清所门（台所门）、皇后门（寻常门）、北侧的朔平门、东侧的建春门六门。刚过5点，下令禁止公家三条实美等"奸人"进宫参拜，也禁止他们"外出"或"会面"，即严禁他们出门和会见除家人以外的人。

8点，留在京都的各藩主率兵进宫，令藩兵守住皇宫外墙的九门（堺町门、下立卖门、蛤门、中立卖门、乾门、今出川门、石药师门、清和院门、寺町门）。趁此机会，朝彦亲王、松平容保、稻叶正邦、米泽藩主上杉齐宪、冈山藩主池田茂政等人就收拾局面的问题召开了会议（鸟取藩主池田庆德和德岛藩主世子蜂须贺茂韶迟到，下午3点多参会）。会议决定，解除对长州藩堺町门的守卫，使长州藩士从京都撤离，若他们主动回藩，就不对长州藩予以处分。

11点左右，一直被排除在外的关白鹰司辅熙终于被传唤进宫。鹰司家邸位于丸太町路的北边、堺町门的东侧，受到处分的公家三条实美等人正与真木和泉、久坂玄瑞及长州藩兵在鹰司家集会。藩兵(长州藩兵约400人，支藩清末藩兵约50人，岩国藩兵约400人）都集中在鹰司家邸到堺町门内侧一带，与萨摩藩、会津藩的藩兵形成对峙局面。

鹰司称京都的长州藩兵有三万人，他乐观地估计此后的事

皇宮周辺図

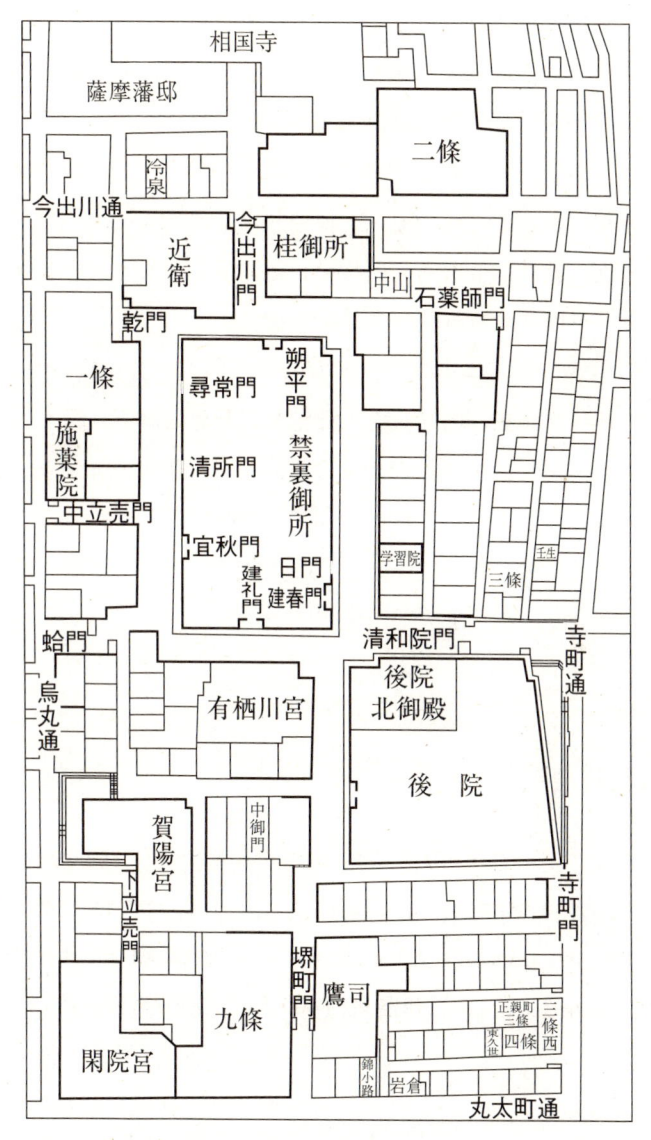

态,主张长州藩应继续守卫堺町门。公家惯于夸张,鹰司口中的三万人太不现实。在他看来,为了防止大混乱发生,必须这样说才行,这是他身为关白的义务。

对于长州藩是否继续维持堺町门的守卫,池田庆德和蜂须贺齐裕也发表了意见。但是,他们并没能推翻朝议的决定。另一方面,就处置公家的问题来说,他们认为朝议也许已有妥当的处分,因此没有表明个人意见。

傍晚,长州藩势力与三条等公家一共11人,同真木和泉一起前往京都东部的妙法院,商量如何善后的对策。真木和泉建议在河内①的金刚山发动义兵攻向朝廷。前一天,为与公家中山忠光、土佐乡士吉村寅太郎等天诛组相互呼应,他们举兵袭击了位于大和五条(今奈良县)的幕府代官所②。然而,最终长州藩做出了起用义兵的决定。

对长州藩的处分

第二天,即十九日,真木和泉、三条实美、三条西季知、壬生基修、四条隆歌、锦小路赖德、泽宣嘉、东久世通禧公家七人,出现在进军京都的长州藩势力中。村山齐助在二十二日写的信中称,担心长州藩大举率兵进京,请求派遣藩兵以备防

---

① 河内:位于今大阪府的东南部。
② 代官所:指江户时代代官执行政务的官署。

御,该信以加急件的形式送到大久保利通手中,其实完全没有必要。据下表所示,政变中的合作藩达到24藩(会津藩、淀藩、萨摩藩除外)。村山应该知道,长州藩已经孤立无援了。

会津	1888	丸龟	208	大沟	66
德岛	523	大州	193	平户新田	51
冈山	523	土佐	193	出石	50
鸟取	468	鸟取(鹿奴)	157	榎原	48
米泽	468	萨摩	150	小野	36
淀	468	冈	112	富山	24
熊本	304	松江	91	盛冈	18
金泽	269	久留米	85	大圣寺	17
水户	241	津	70	广岛	16

表格:政变时,出兵守卫各门的藩及人数

二十九日,形势大变。朝廷下命,禁止长州藩主毛利庆亲及世子定宏进京,禁止长州藩士出入于皇宫九门之内,京都的长州藩邸只余两人看守,其余藩士全部被遣返长州藩。这一命令是对长州藩帮助三条等七名公家逃跑且在藩内窝藏七人的罪行做出处分。

政变的过程中,处分长州藩的意见没有得到公开。但是,政变将碍眼的长州藩驱成功地逐出京都,不过长州藩对此表示不能接受。不乏对此事持不理解或批判态度的人,但是在朝廷要员的力促下,朝议还是做出了这一决定。即使涉及到攘夷问题,也要尊重敕命再予以实行。其中的"伪敕",即任何人都可以冒充天皇发表意见,应该也是长州藩一手造成的。

为使朝廷和朝议恢复正常化,由天皇决定发动的政变终于暂时告一段落。但是,对长州藩的处分又引发了新的问题。这一问题引起的禁门之变、幕府对长州的征讨战争，都使幕末的问题愈加错综复杂。

关于这一政变，长期以来都有误解。其中的典型说法，这是一场公武合体派把尊攘派从京都逐出的政变。说起来，公武合体派与尊攘派并非完全对立。从期待破约攘夷成功实现的角度上看，萨摩藩和会津藩也是尊王攘夷论者。另一方面，长州藩与真木和泉主张朝廷、幕府、藩相互合作，一同开拓破约攘夷的道路，这样看来，他们也是公武合体论者。

公武合体派与尊攘派被作为不同派别加以区分有其自身的问题。鸟取藩主池田庆德对长州藩、真木和泉的主张表示理解，但是，当长州藩与真木和泉变得急躁冒进时，池田庆德又站到了批判他们的对立面。作为政变中尊攘论者的庆德，同时也是驱逐尊攘派力量中的一份子。

当下最要紧而重要的问题是什么呢？根据这一问题设定，立场会有所变化，意见也会时而强烈，时而温和。虽然存在什么派之类的说法，但不能抱有这样的想法。因为，这是幕末的政治世界，而不是政党政治的时代。包括民众在内，多数人以压倒性的意见表达了对不平等条约的不满，以及对破约攘夷的希望。因此，可以说日本人都是"尊攘派"。

开国派、锁国派、公武合体派、尊攘派、倒幕派、公议政体派等等，这些都是界限不明确的词汇，它们使得幕末政治史的叙述愈加复杂化，也妨碍了人们对幕末政治的理解。笔者奉劝多少熟悉幕末史的诸位读者，趁早忘掉"……派"一类的说法。幕末的世界有趣非常又奥妙无穷，值得细细品味。

第 3 章

渐行渐远的举国一致（1863—1865）

1864年（元治元年）八月，被英军占领的前田炮台。
（照片提供：每日新闻社/时事通信）

1 为了制定新的国家大政方针

攘夷的内容

八月十八日政变的第二天，天皇发表宣言说，自己有关攘夷的想法与政变前没有发生变化。八月二十六日又表示，此前曾给在京都的各藩大名下达过伪敕，并答应今后会表达自己真实的想法和意志。

这看起来是很难理解的宣言，实际上就是在表达天皇这样一种意志：攘夷基本路线虽然不变，但要重新确定与此前强硬路线不同的新国是（关于攘夷的大政方针）。这其实也是导致八月十八日政变发生的原因。

使幕末的政治过程变得难以理解的正是"攘夷"这个词。攘夷并不只是外交条约的问题，思想、情感方面上的各种层次的言论和行动，在史料中也一并将其作为"攘夷"的表现。考虑到这一点，我打算尽可能将攘夷的具体内容表述的简明

年代	事件
1863 文久3	十月，岛津久光率领约1700名藩兵进京。松平春岳、伊达宗城、山内容堂、一桥庆喜和将军家茂陆续进京。 十一月，天皇就破约攘夷问题与久光进行书信交谈。久光回复天皇说可能难以实现。 十二月，松平春岳、伊达宗城、山内容堂、一桥庆喜和松平容保被准许参与朝廷会议。岛津久光也于第二年一月被准许参会。
1864 元治1	一月，由朝廷首脑和参与诸侯共同参加的元治国是会议开始召开。 二月，庆喜突然改变与久光、春岳、宗城和容堂商量好的约定，主张一定要实现横滨港的封锁，并将其确定为新的国是。 三月，庆喜就任朝廷新设立的职位——禁里守卫总督兼任涉海防卫指挥。 四月，天皇下达将一切政务委任幕府的"庶政委任"敕令。 六月，池田屋事件。 七月，禁门之变。朝廷将长州定为叛贼并下达征伐令。 八月，英美法荷四国的联合舰队攻击长州藩的下关炮台。 九月，英国公使阿礼国要求长州藩支付天价赔偿金300万美元。十月，征讨长州总督德川庆胜宣告如果长州不谢罪就将对其发起进攻。 十一月，长州藩三位家老奉藩主之命切腹谢罪。
1865 庆应1	一月，高杉晋作和奇兵队等小队愤然而起，在与门阀守旧党的内战中取得胜利，改革派掌握了长州藩的藩政。 三月，长州藩将藩论确定为"武备恭顺"（表面表现出恭顺的态度，实则致力于充实军事实力）。 五月，将军家茂率大军出发准备征讨长州。第二次征讨长州。 闰五月，坂本龙马和长州藩的木户孝允会面，告知了萨摩不会出兵协助幕府征讨长州，以及决定支援长州的方针。 七月，受长州所托，萨摩藩家老小松带刀与长崎的外商格洛弗进行交涉，以萨摩的名义购买了枪和汽船，并转交给长州。

易懂，接下来就对攘夷的具体内容进行分类和整理。

　　A．基于排外主义的主张和行动——袭击外国人、表达厌恶感的言论和行动等。

　　B．以破约攘夷为目的的主张和行动——基本上是外交活动（修正近代以来的条约）。

　　①强硬论：以不惜进行武力对战的强硬态度，要求废除不平等条约。解除建立在不平等条约基础上的关系后，缔结平等的条约。以这样的激进论为方针，构建起了全国一致体制，致力于增强国家军事实力和国力，以实现破约攘夷为目标。以长州藩和一部分公家为代表，以强硬的态度迫使幕府进行对外交涉。

　　②稳健论：坚持要求进行对外交涉，但避免发生武力冲突（天皇称武力冲突为无谋的攘夷）。因为废除全部的条约比较困难，主张为实现天皇所希望的封锁横滨港而努力。松平春岳、山内容堂、伊达宗城、岛津久光等的主张。

　　C．振奋精神的言论和行动——天皇驾临贺茂神社和石清水八幡宫，水户藩天狗党在筑波山举兵时发布的檄文等。

　　D．针对外部军事政治压力的抵抗论及抵抗运动——高杉晋作和久坂玄瑞火烧在建中的英国公使馆事件（1862，文久二年十二月）等。

　　上述言论行动均被称为实行了攘夷活动，例如幕府在五月十日向外国公使宣告废除条约，在史料中也被记载为实施了攘夷。

此外，与坂本龙马志同道合的陆援队队长中冈慎太郎就抵抗论及抵抗运动进行了如下阐释：美国对英国实施了"攘夷"从而实现了"锁国"，也就是说他认为美国不屈从于英国的压力，坚持进行抵抗（攘夷），取得战争胜利，并最终实现国家的独立（锁国）。

如上面所举出的例子，攘夷包括各种意义和各种层面的活动。"讨厌外国（人）"这种语言层面的攘夷论，虽然很难被划分进某一类别，但也确确实实是攘夷的一种表现，从数量上也是被最广泛共有的一种攘夷论。但是，在政治中心——京都，B类的破约攘夷成为争论的中心问题，所以本书就是以破约攘夷为主题进行论述的。

现在回到幕末时期——1863年（文久三年）的秋天。攘夷仍然是重要的关键词。天皇所希望进行的攘夷，一直是上文分类中B②的稳健的破约攘夷论，但在动荡的政治环境中，天皇的宣言没能始终贯彻自己的意志。不过政变发生后，天皇至少明确表达了希望尽早实现横滨港的锁港，政局也围绕这一问题发生一些变化。

四侯上京

政变并没有引发大的混乱。在京都的各藩大名也各怀想法回到自己的藩地，时隔一年半，京都重新恢复宁静。伴随政变浮现出的问题是要修改强硬激进的破约攘夷路线，制定新的外交方针，同时为了国家的统一稳固，也必须重新制定新的国是。

国是并非仅由朝廷决定的，朝廷也没有这个能力。现实是它必须借助幕府和有势力的诸侯，通过协商来决定。针对这一点，武家方面已进行通过协调达成一致意见，八月中旬，岛津久光（萨摩）、松平春岳（越前）、山内容堂（土佐）、伊达宗城（宇和岛）这四位诸侯取得联系并决定上京，进而熊本、久留米、福冈以及艺州（广岛）的诸侯也约定要上京。

此外担任将军监护人的一桥庆喜也写信告知久光他想要上京的意愿，并传达了幕府的方针，即同时实现长崎、横滨、箱馆三港的锁港有些困难，首先要求横滨港锁港，并开始着手与外国列强进行交涉。一桥庆喜想在抵达京都后，与各诸侯进行商谈，将横滨港的封锁作为武家全体的意见，与朝廷展开交涉。

久光在九月十二日带领1700余名藩兵从鹿儿岛出发。一般会从熊本出发到达门司，然后从下关乘船到达兵库或是大阪，但这次并没有经过下关，而是从熊本横跨至阿苏，在丰后佐贺关乘船，于二十九日到达兵库。这条路线避开了长州藩邸所在地大阪，经由西宫、芥川（高槻），于十月三日早上，到达京都二本松藩邸。

久光在十月二日深夜，带领一小部分人隐蔽身份，从芥川出发，而后他的替身乘坐轿子于早上6点从芥川出发，下午3

点多到达藩邸。这时萨摩并不清楚长州对萨摩藩在政变中起到的作用知道多少,所以才会在此次上京途中十分警惕("岛津久光日记"《玉里岛津家史料》)。

之后,春岳于十月十八日到达京都,宗城于十一月三日、容堂于十二月二十八日、庆喜于十一月二十六日,也陆续到达京都,随后将军家茂也带着老中在新年的一月十五日进入二条城,至此,武家的代表在京都集合。

由武家和公家的代表参加的,日本历史上第一次国家最高会议终于要进行了,我们先来看看到决定进行这次会议之前,久光和天皇以及朝廷之间的交涉。很难想象在近现代的天皇和国民之间进行了如此坦率的意见交换,这一点很有趣。

久光在武家中是手握萨摩这样大藩的强大大名,可以说是特别的人物。但是此时的久光无官无职,在朝廷看来等同于平民,因此他没有资格进入皇宫中的殿舍,只能坐在走廊里。但天皇却对这样身份低微的久光,敞开心扉坦诚相谈。

天皇与久光的商谈

到达京都大约十天后,久光向朝彦亲王呈递了建议书。在建议书中他写道:虽然很惶恐,但我还是要提出,朝廷存在种种陈弊,如果这样持续下去会产生严重后果……以天皇为首的国家要职人员要洞察天下形势、人情世故,并做出正确判断,不可因为一些小事就惊慌失措,要有远见,构建起国家的根基,这一点是很重要的。因此,应该等待各地诸侯上京,听取他们对于国政的意见,从而制定国家的基本方针……

因为政变发生之时,天皇先与朝彦亲王而非近卫进行商谈,久光对亲王的力量充满了期待,在生活中也给予亲王帮助。虽然建议书中文词严厉,但亲王并没有生气,而且还将这封建议书向公家公开。这或许是因为亲王和久光在很多问题上产生了共鸣吧。当然,亲王应该也把这封建议书呈递给了天皇。

十一月十五日,近卫将天皇的信传递了久光。信中这样写道:……鹰司关白从中作梗、挑拨离间,使得呈交给天皇的奏疏和转呈的武家奏疏都无法信赖。能够信赖的只有朝彦亲王和近卫忠熙。为了国家和朝廷,我并不怕丢面子,想开诚布公,与久光携手完成改革……并就以下三点征求了久光的意见。

① 想要尽快找到不发动战争就能实现攘夷的方法,希望你就此谈一下看法。

② 激进派提出"王权复古",但是我想将国家大政委任给将军,公家和武家携手,进行和熟治国,你认为如何。

③ 政变是我自己的决断,但也有人说这是亲王、二条右大臣、松平容保所为,应该宽恕三条等人。希望你能想个对策解决这个问题。

久光做出了如下回复。第①点,我反对匆忙进行破约攘夷。针对锁港一事，因为日本的军事实力十分弱小，开港还是锁港的决定权掌握在外国手中，即使日本提出要封锁港口，对方也不一定会同意。当务之急就是努力扩充军备，此外想不到更好的策略了。第②点，王权复古在当下的环境中很难实现，暂且还是将大政委任给将军的做法比较好，但是一旦幕府的政治决断出现失误，也应该对其进行问责。至于第③点，像这种只是传言的事，不用在意。

久光针对破约攘夷的回复显得很是乏味，但确实是以天皇希望实现封锁横滨港一事为前提，非常诚恳地给予了回答。锁港一事十分困难，急于求成极有可能引发战争。不屈不挠地与外国进行交涉更为关键，在交涉期间注重蓄养国力、增强战力才是最佳的对策。

四侯（庆喜也同样）计划定下外交的基本方针，即以横滨港锁港为目标，与外国列强展开交涉。将努力的目标作为国是，诚然是一个轻而易举的想法，但是如果不想伤害天皇的面子，确实也只能这么做。横滨是外国列强最看重的一个港口，1863年五月幕府允许英国和法国在横滨驻兵，横滨俨然成为了外国列强的一个据点。天皇之所以执着于横滨港锁港的原因也正是在此。

顺便提一下，英法两国接到明治政府要求其将军队撤离的公告是在1875年（明治七年）一月二十七日。虽然横滨只被用作一个规模很小的外国军事基地，但毫无疑问对日本而言是天大的耻辱。

久光正是考虑到这些事情，才将实现破约攘夷暂且作为未来的一个课题，目前应该致力于举全国之力增强国力，长远来说这也是为了日本的未来。久光给天皇的回复中暗含着他的这一想法，他也相信天皇能够明白他的这份用心。

此外久光在这封回信中还提到，像这样询问意见的信仅此一封即可，最好不要再用书信询问其他诸侯的意见。这大概是出于担心天皇苦于没有商量的对象，如果给诸侯滥发书信会招致混乱吧。

公家和武家共同参与的国家最高会议

武家和公家召开联合会议共同决定国家的基本方针，这种事在以前还从来没过。公家主张既然没有先例，也就不能这样做，但是春岳为了武家能够以正式成员的身份参加朝廷会议，坚持不懈地进行了种种交涉，终于得到了许可。

十二月最后一日，朝廷下令准许一桥庆喜、松平春岳、山内容堂、伊达宗城和松平容保"参予"，授予岛津久光从四位下等官位左近卫少将一职，并在开年后的一月十二日（1864，元治元年）准许他"参予"。久光比其他几位稍晚一些是因为他无官无职，不能进入御所内朝议所用的殿舍。

所谓"参予"，就是允许参加朝廷会议，对于武家而言这是一个包含着公家优越感的词汇。公家承袭着贵人的血脉身份高贵，随着朝廷和幕府之间政治关系的变动，更是毫不掩饰对武家的蔑视态度。去年三月久光上京之时，就曾直截了当地抗议，公家不能再将武家视为奴仆。

为了决定议事日程、会议议题以及协调各方意见，曾召开过多次预备会议，之后，在二月十五日，终于正式召开了天皇也出席的国家最高会议——元治国是会议。接下来想简单谈谈在这段时间内孝明天皇所送出的两封亲笔书信。

一月二十一日，入宫参谒的将军家茂收到了一封天皇的亲笔书信。上面写着：我虽然不喜欢无谋的攘夷运动，但是为了制定实现破约攘夷的国家大政方针，扭转国家的不幸国运，我愿意竭尽全力。

紧接着，一月二十七日在京都的42位大名和入宫参谒的将军家茂都收到了天皇的亲笔书信，上面写道：……三条实美和长州藩暴臣的行为，一定程度上是因为我的不德招致的，我深深地进行反省。今后希望能够得到将军和大名的协助，革新政治……这封书信传递出天皇希望在新的国是指导下，采取联合体制，使国家形势好转这一讯息。

实际上这封书信是由久光起草的，可能是与春岳等人商量之后采取的行动。此举出于为了使会议具有权威性，还是有一封能够明确表达天皇意志的文书更为稳妥这样一种想法。现在，久光的手稿收藏于鹿儿岛市的黎明馆，久光的手稿和天皇的亲笔信内容几乎是完全一样的，这一点决定着接下来会议的走向。

二月十四日，家茂进宫参谒。因为收到了天皇商谈的亲笔信，他呈递了回信。回信也可以说是一封请书，上面写着奋发努力的觉悟和综合了武家意见的国政方案。如果在公家和武家都出席的朝议上，公家同意通过这项国政案，则它就会成为新的国是。

第二天即十五日，朝议在小御所召开，为了使与会人员看不到天皇，天皇坐于殿室内的台阶上并垂下御帘，称为"垂帘驾临"。因为天皇是透过御帘听会议上的发言，也叫做"听政"。在台下中间是参加会议的公家和武家代表。公家方面出席的是朝彦亲王、晃亲王、二条齐敬、德大寺公纯和近卫忠房；武家方面出席的是一桥庆喜、松平春岳、伊达宗城和岛津久光。

横滨港锁港的方针

会议一开始就打破了先例。首先公家将庆喜单独请出对他进行了诘问，公家指出请书中写着希望通过外交交涉的方法实现横滨港锁港，这样一来什么时候才能贯彻破约攘夷呢。此外公家还对幕府是否是真心投入破约攘夷提出了疑问。

庆喜辩解道，这是为了避免刺激到外国列强而选用了较为平和的措辞。朝彦亲王则提出，将箱馆、横滨、长崎三个港口全部封锁可能比较困难，但天皇希望至少能先将横滨港迅速封锁，要求修改请书。

接着春岳、宗城、久光被请出列，朝彦亲王针对请书的内容询问他们3人的意见。三侯表示，不希望发动无谋的战争，迅速实现横滨港的锁港也是很难办到的，3人都同意请书的内容，认为保持现在这样就很好。

之后庆喜也加入讨论。亲王表示理解三侯的发言，但是并没有更改他的意见。公家暗中希望将军能够明确提出要实现横滨港锁港。最终，庆喜提出如果给他几天考虑的时间，可能会呈上修改过的请书，这一天的会议就这样结束了。

庆喜的这一言论并没有经过和三侯的商谈，是他的独断决定，会议之后三侯找庆喜进行对话，但他并没有改变自己的意志。十八日，将军重新写了请书，将封锁横滨港一事改为"必须要成功"的事，春岳、宗城、久光三人也被传召至二条城，面对这封修改过的请书，三侯只能将异议咽下，默默署了名。

请书于十九日呈递，因为请书是朝廷所求，幕府响应，并被参与朝议的诸侯所承认的，它就成了关于破约攘夷的全新国是。但不论是三侯还是庆喜，实际上都认为横滨港锁港是很难实现的，他们也一直都在试图说服朝廷将其作为努力目标。庆喜却突然轻易地改变了原本的态度，这中间到底发生了什么呢？

这是因为庆喜得知了一月二十一日和二十七日的天皇亲笔书信其实是由久光所起草的。庆喜虽然在上京之前就知道久光参与到朝廷和公家的事务之中，但是他万万没想到久光已经如此深入其中。庆喜感到必须将天皇和朝廷从久光的手中夺回，而实现的方法只有一个，就是明确承诺实现封锁横滨港一事。

因为这一明确承诺，天皇、亲王以及朝廷十分喜悦，对庆喜的期待也变大，在庆喜看来这是相当满意的结果。但四侯的感受只有不满,特别是久光感到格外得失望。天皇和亲王本来应该理解了他的建言,明知难以实现、明知矛盾重重,却还是硬要实现这一难题。庆喜也突然改变意志,明确承诺去实现这么一件基本上不可能做到的事情。

就这样决定了国家最重要的事情真的无妨吗?原本以为元治国是会议能真正实现了朝廷、幕府和藩的公武合体,是在如此大的期待之下召开的会议。现在公武合体却已经走向了解体的边缘了。

2 朝廷和幕府的合体

新的长州问题

会议另一个重要的议题就是长州问题,在商讨方针政策的同时也讨论了这个问题。长州藩的家老井原主计带着《奉敕始末》于去年(1863,文久三年)十一月二十七日来到位于伏见的长州藩办事所。《奉敕始末》是一封辩白书,内容为阐明毛利长州藩是秉承着对天皇和朝廷尽忠的藩是展开行动的。他以想直接口头传达长州藩藩主父子的解释和恳求为由,请求朝廷准许他进京。

朝廷希望井原能够自行离开,但是很难。围绕着是否准许井原入京进行了数次会议,却没有得出结论。考虑到长州藩有可能将藩兵集结于大阪,一旦面临长州藩出兵京都的情况该如何应对,朝廷和幕府没能达成一致。

与长州及三条实美政见一致的公家并不在少数。如果不准许井原进京，长州可能心生对抗；如果准许井原入京，则可能发展为长州要求撤回对三条等人的处分。无论哪种情况，长州藩兵都有可能出兵京都。此时，一旦支持长州一方的公家有所行动，则必然引发大混乱。禁门之变就是这样爆发的，这一设想有着充分现实依据。

那么怎么做才好呢？三月四日就这个问题进行了一次彻夜会议。公家提出如果藩兵出动，幕府方面是否会负责处理，想以此决定是否准许井原入京。幕府则表示，如果公家承诺绝不会动摇意志，不会中途成为长州的友军，幕府会在藩兵出动时负责应对。因为双方都在试探对方的虚实，会议就一拖再拖直至通宵。伊达宗城在日记中写道这是一次"沉默的""令人想打瞌睡的"痛苦会议。

五日，幕府向公家传达了幕府一方的方针：如果发生混乱，幕府负责平息骚乱，但要以朝廷绝不动摇为条件，如果朝廷不能保证绝不动摇，就不能准许井原入京，要在大阪应对藩兵。对此方针，公家表示理解，同时朝廷高层首脑如实说出不能做到保证公家不会动摇。

决定这么一点事情就用了三个多月的时间，这主要是因为公家无论何事都无法自主决定的特质，以及朝廷核心人物的政治领导力过于薄弱。

但幕府也有责任，虽然将军、将军监护人（一桥庆喜）、政事总裁职（松平直克）、三名老中（水野忠精、酒井忠绩、有马道纯。板仓胜静、井上正直、牧野忠恭三人留在江户）这些幕府的核心人员都在京都，可是面对问题的对应和决断都太缓慢了，和朝廷一样，幕府核心人员的政治领导力也变得软弱不可靠。

长州已经采取了行动，朝廷和幕府却没有做出应对，甚至可以说是放任问题置之不管。结果五个月后爆发了禁门之变。

本来应该是相辅相成实现国家重建的朝廷和幕府，却表现出这样的狼狈相。对会议的期待也伴随着不断增加失望感而消失殆尽。春岳、宗城、久光在三月九日向朝廷递交了不再参与朝议的请辞表，并于四月上旬返回各自藩地（山内容堂在二月二十八日返回藩地）。为了支持四侯而上京的各诸侯，也都怀着苦闷的心情离开了京都。

禁里守卫总督

三月二十五日，辞去将军监护人的庆喜就任朝廷新设立的官职——禁里守卫总督兼涉海防卫指挥。庆喜作为将军的代理常驻京都，新设立的这一官职以保护天皇的居住空间和政治活动场所朝廷不受任何危险为第一要务，同时也负责守卫整个京都。

"涉海"指的是如果发现外国势力集结于大阪湾，有想要制造事端的苗头，不用等江户幕府下达指示，就可以调动各藩的兵力进行应对的权限，是守护皇宫的一环。总督庆喜的直属部下有旗本800人，虽然人数并不多，但是因为具有调动大名的权限，这些直属部下也就足够了。

现实中问题不断产生。长州藩自下关攘夷战争以来，对关门海峡的航行管理更加严格，特别是外国船只，基本处于不允许通行的状态。列强不断与幕府进行交涉要求解除封锁，但是毫无进展。此外列强还强烈要求开放兵库（神户）港，但是因为天皇持反对意见，老中的态度也犹豫不决。

最终列强不再指望和老中进行交涉，表达了想直接和朝廷进行交涉的意向。朝廷考虑到列强可能将舰队集结于大阪湾，依靠武力推动交涉进行。同时也担心长州出兵要求撤回处分，因此新设立了禁里守卫总督一职。

为了保证在面临紧急事态时，无须等待江户的指示就能迅速负责进行应对，就要求担任这一职位的是幕府人员。同时这又是一个尤其要求具有决断力的职务，对于老中来说这个担子过于沉重，能够担此大任的除了庆喜别无他人。

就任将军监护人以来，庆喜是幕府中与朝廷和公家接触最多的人，他负责进行各种交涉，明白精通各种事务。而且在元治国是会议上，他明确承诺一定做到封锁横滨港，这正是朝廷所希望的，因此他得到了天皇和朝廷的信任。从这点上出发，庆喜也是就任朝廷新设置的这个官职的不二人选。

同样地，庆喜就任禁里守卫总督一职，幕府方面也没有什么异议。庆喜有追求权力的野心，也有人认为就任总督一职本来就是庆喜自己提出了申请，事实上应该是他被寄以厚望而出任总督。庆喜也确实有除自己以外没有别人能够胜任此职的信心。

有关禁里守卫总督和京都守护职的关系，因为守护职是隶属于幕府的官职，二者不能相提并论。此外，守护职也没有调动大名的权限，在力量对比和职务分量上，都是庆喜的禁里守卫总督处于优势，在发生紧急事件时，庆喜也可以将守护职作为自己的部下来调动。

三月六日，久光将他打算不再参与朝议、返回藩地的想法告诉朝彦亲王和近卫忠熙，二人十分吃惊，并挽留久光。这是出于二人担心京都守护职和所司代的兵力不够强大，想让萨摩藩兵留在京都，增强朝廷守卫兵力的危机感。禁里守卫总督正是这种危机感的产物。

庶政委任于幕府

四月二十日，政事总裁职松平直克和老中进宫谒见，接受了此后"将一切政务委任于幕府"的敕令。一般通称"庶政委任敕令"，庶政和诸政是相同的含义，表示国家各方面的政务，伴随着新的国是（封锁横滨港）的确定，天皇、朝廷和将军、幕府之间的关系也更加明确。

与去年（1863，文久三年）三月下达的将大政委任于将军的敕令不同，这次是将一切政务委任于幕府，言明今后政令全部由幕府发出，朝廷不再命令各藩。元治国是会议中，特别是围绕长州问题，朝廷和幕府之间的显露出了不信任，出于对这一点进行反省的立场上，朝廷强调天皇、朝廷和将军、幕府是一体的。

那么作为国家目标的公（朝廷）武（幕府和藩）合体又是怎样的状况呢？在这个敕令中丝毫看不到藩的作用。一月二十七日天皇的亲笔书信（久光起草）中明明提到要和各藩的大名一起重建国家，当时的这些话现在又到哪里去了呢？

　　四侯和为支援他们纷纷上京的诸侯，都有想要协助朝廷的意愿。但是这一敕令等同于拒绝了雄藩诸侯的援助。这些诸侯原本也并没有把这一敕令放在心上，因为对于让他们如此失望的朝廷和幕府，今后继续予以协助的意愿已经大为减弱。

　　既然朝廷和幕府不可靠，那么能够支撑日本的就只有各藩自己了。各藩大名都致力于尽快实现富国强兵。通过交易来获得实现富国强兵的资金是一种便捷的办法。这样，各藩就清楚地找到了要瞄准的方向。在此，就萨摩（外样藩，77万石）和越前（亲藩，32万石）的贸易情况进行简单的论述。

从幕府独立

　　大约五个月左右之前，在京都藩邸的西乡隆盛给鹿儿岛的大久保利通写了一封信（落款日期九月十六日）。为了买下全部的生丝，西乡将藩邸的内用金两万两全部用作定金，信中他提出希望大久保利通再给他寄八万两，这是成败在此一举的大事，务必要实现。

　　生丝是由外国商人进行兜售的秘密贸易，因为幕府已经开始严密监视交易，将生丝全部买下就仿佛是在过一座危桥。但是萨摩想表明"割据"的态度，既然不在意幕府的话，也就不用很担心害怕。所谓割据就是从幕府的统治中独立出来，换句话说萨摩的方针就是实现脱离幕府。

长州最早将割据作为藩的方针，1862年（文久二年）由木户孝允在书信中提出。这一年的七月，将举全藩之力实现破约攘夷定为藩内方针。紧接着长州之后的是萨摩，德川御三家之一的越前福井藩虽然并没有用"割据"一词，但也出现了脱离幕府的动向。

萨摩和越前进行了交易。根据萨摩的记录（1866，庆应二年九月），越前自1865年（庆应元年）以来，为了购买生丝和茶融资16万两。这个金额相当于越前藩的全年收入的两倍。通常是不会在交易还没有进行时就进行大金额融资的，因此可以看到从庆应元年初夏到秋季，在茶和生丝的上市期内，越前大量收购茶和生丝，销售给萨摩所取得的实际成果。从这一过程来看，从前年开始就致力于收购生丝的西乡和越前之间如果有过交谈也并非不可思议。

为了不让人产生萨摩很富裕的错觉，萨摩和英国的格洛弗商社（怡和洋行商会委任格洛弗担任代理人所设立的商社）以及荷兰贸易公司的代理人博东之间缔结了契约，从他们那里导入资金作为交易的基金。萨摩商社就是以外资为基础设立运行的。

萨摩将收购的商品在奄美诸岛的港口交付给外国商人，当然也是秘密进行的。越前只是将商品卖给萨摩，所以是正当的商品贸易活动。不过越前知道萨摩的交易计谋，并且是在分担了秘密贸易的一半事务。

　　春岳的越前藩，并没有突然要对幕府举旗造反，其本意是希望恢复原状，但是藩从幕府独立出来是时代的要求，这种割据潮流的势头将不断增强。

3 禁门之变

池田屋事件

国是会议将封锁横滨港定为新的国家大政方针，当时以长州藩为首的攘夷激进派藩士和浪人们很难认可这一方针。长州派家老井原主计出面向朝廷要求恢复长州的权力，同情长州藩的部分公家纷纷表示支持，在京都的各位藩士和脱藩浪人也为长州藩声援。

1864年（元治元年）四月，京都长州藩邸内共有担任留守居一职的乃美织江、木户孝允以及其他一些长州藩士共70人左右，随后又有各藩士和浪人进出藩邸。四月十八日，朝彦亲王的家臣武田信发的宅邸遭到袭击；五月二十二日，会津藩藩士松田鼎的首级被示众，虽然不清楚犯人究竟是谁，但可以确定应该是拥护长州藩的人所为。这是对在去年八月十八日政变中起到关键作用的朝彦亲王和松平容保所进行报复的行动。

近藤勇

同时市井之间流传着种种流言，其中一条就是长州藩士和浪人会在御所附近放火，然后趁乱将天皇劫持至长州。因为这样的流言，对长州藩士、浪人的搜索变得严密起来。町奉行所和新选组密切关注长州藩士和浪人频繁进出的兵器商人桝屋即古高俊太郎的宅邸，和用于集会的旅馆池田屋。

六月五日黎明，新选组闯入古高的家，将其逮捕至位于壬生的新选组屯所。土肥七助（丸龟浪人）与长州藩士进行交涉，希望长州帮忙解救古高，被乃美拒绝。但住在长州藩邸的宫部鼎藏、春藏两兄弟（熊本浪人）和渊上郁太郎（久留米浪人）打算就算只有浪人也要救古高，并决定在池田屋进行商谈。

池田屋位于当时的主干道三条通，向西过了高濑川上的三条小桥之后，就在路的北侧，从这里向北走大约10分钟左右就是长州藩邸。只有一名长州藩士参加了池田屋的集会，根据木户孝允的回忆录，针对是解救古高还是偷袭朝彦亲王一直争议不断，最终也没能得出统一结论（《木户孝允文书》）。

五日晚10点，近藤勇率领新选组袭击池田屋，随后土方岁三也率领另一队加入。再加上一桥庆喜手下的幕府兵、京都守护职松平容保的会津藩兵以及所司代松平定敬的桑名藩兵，在池田屋周边进行了戒严。

木户在千钧一发之际顺着房顶逃跑躲过一劫，长州藩士吉田稔麿和杉山松助被击杀。但是大部分兵力并没有用于进入池田屋绞杀，而是在外围进行封锁，所以当时参加池田屋集会的共有11人，却不是在池田屋内遇难的。根据中村武生的考察，池田屋事件的概括情况就是这样（《池田屋事件的研究》）。

事件发生后的第一封通报于六月十一日送达山口的长州藩厅，长州藩的首脑继八月十八日政变后，再次遭到松平容保的镇压。

长州势力进京

池田屋事件爆发前的五月二十七日，长州藩主毛利庆亲曾命家老国司信浓率领藩兵进京，想要动员有栖川宫织仁和炽仁父子以及前任关白鹰司辅熙等理解支持长州藩的有势之人，向朝廷要求撤回对长州的处分，并将国是重新变回政变前的激进破约攘夷论，而派出藩兵正是为了表示长州藩的决心。

在此时爆发了池田屋事件，长州藩进京复权的势头更加不可阻挡。六月十五日来岛又兵卫率领游击队向山口进军，十六日家老福原越后率领藩兵，久坂玄瑞和真木和泉则带领奇兵队等各小队由三田尻（今防府市）出港。

他们由大阪向京都进军，二十七日在山崎关门（金大山崎町）岚山附近的天龙寺和京都南部的石清水八幡宫布兵扎营。稍晚时候，家老国司信浓和益田右卫门介也率兵加入，在三位家老的带领下，大约2000名长州兵在京都西南方向呈包围状地布阵扎营。

京都面临紧急态势，该是皇宫守护总督一桥庆喜、京都守护职兼会津藩主松平容保、京都所司代兼桑名藩主松平定敬出场的时候了。当时这三人合称一会桑（一桥、会津、桑名），本书中接下来也会继续沿用这个简称。一会桑的兵力大概有2500左右（幕府兵800、会津1500、桑名200，其中会津和桑名的兵力为推测值），以这样的兵力与士气正旺的长州兵进行对决，他们并不是很有信心的。

六月二十四日，长州藩先头部队到达山崎和伏见；同日，庆喜通过所司代要求萨摩出兵援助。当时在萨摩藩邸中的家老小松带刀和西乡隆盛直接拒绝了这一要求。理由是，即使将来可能会发展成为战争，但目前来看是师出无名的长州和会津间发生私斗，萨摩不可以出兵。

但到六月二十七日，判断这次战斗一定会演化为战争的小松和西乡，考虑到天皇可能会下达征讨长州的敕令，就向藩厅提出派遣藩兵的请求。七月十日，从大阪驶向鹿儿岛的汽船翔凤丸、蝴蝶丸和安行丸，共分载450名藩兵又从鹿儿岛出港，于十五日到达大阪，第二天藩兵到达京都。因为进入了汽船时代，幕末时期调兵的速度大幅度缩短，这也使得历史的进程不断加快。

再把时间稍稍拨回，六月二十七日，天皇明确表达了自己的意志：……八月十八日政变是以我自己的意志进行的决断，对于松平容保的行动我深感欣慰，我不允许长州藩入京……，简明地否定了长州的主张和行动。

但是长州并没有撤退。如果是明治、大正或是战前昭和天皇发表这样的宣言，长州藩或许就会被视为国贼，由此可见幕末时期天皇的权威，还并没有明确地成形。

混乱的应对措施

七月六日，庆喜终于集合在京都的各位诸侯，谋求劝说长州退兵的方针。但松平容保强硬地主张应该征讨长州。因为共同肩负着守护朝廷和京都任务的两人意见不合，朝廷也没能得出统一结论，该如何应对长州，连方向都不甚明确。

七月十六日，看不下去现状的小松带刀和西乡再次集合在京都的各藩重臣进行协议，提出征伐长州的方针。萨摩的精锐部队到达京都也是在这天。萨摩将商讨结果告知庆喜，向其进言对长州进行征伐，得到了强有力援军的庆喜最终做出决定，并向朝廷提出要断然处置长州。

十七日，朝廷召开会议商谈征伐事宜，但由于意见分歧没能得出结论。同日，长州势力也在男山（石清水八幡宫）召开军事会议。这次武装进京本来并不以战争为目的，是希望可以改变朝廷的方针。但是面对严酷的现实情况，长州就像是被逼入绝境一般，在行动还是撤退的二选一中，最终决定了向京都城内进军。

出兵需要名目，长州藩将容保作为目标，向朝廷和幕府（所司代）发出陈情书。容保担任要职使天皇的本意无法得到贯彻实施，因此容保应受到"天诛"而被驱逐出京都城，我们长州此次出兵正是为了实行天诛。

强烈主张出兵的是真木和泉，而久坂玄瑞则主张应该先退兵至兵库，好好商量一下进退。但是大多数人赞同真木的激进论，决定于十八日晚上子时（12点）发兵。

我们现在或许会觉得这次出征显得无谋武断，但这是因为我们已经知道其失败的结果。当时长州出兵京都还是造成了很大程度的混乱。朝廷十七日到十八日连夜召开会议，终于决定下令让长州势力撤回，并于十八日晌午前将此决定告知长州藩邸的乃美织江。但长州藩并没有在意这个让其撤回藩地的敕令，晚上8点多，有栖川宫父子要求天皇按照请愿书中所写，将容保驱逐出京都城，当时的紧张情况不论什么都是可能发生的。

蛤御门之战

在东本愿寺住宿的庆喜得到有栖川宫动向的急报后，带着几名随从骑马飞驰至御所，将马拴在中立卖门的柱子上后进宫参谒。庆喜向关白二条齐敬恳切进言，说道现在不能再以优柔寡断的命令长州撤回藩地了，天皇必须发出征讨长州的宣言。

就这样天皇直接向庆喜下达了"速速诛伐"的敕令。此时在伏见，大垣藩兵和长州之间已经展开战斗，炮火声在御所都能听到。

第 3 章　渐行渐远的举国一致（1863—1865）　133

甲子兵燹图（部分，京都大学附属图书馆藏）

十九日上午 7 点，驻扎在天龙寺的长州兵（国司信浓的部队）抵达御所，与守卫面对乌丸通的禁里九门之一——蛤御门的会津和桑名藩兵展开激战。会津桑名军战况失利，赶来救援的是萨摩的精锐部队。萨摩原本被安排守卫乾门，为了支援将其派出，同时调回派往天龙寺的部队，一并从乌丸通的北方向长州军发起进攻。长州军正面与会津桑名军对峙，侧面又受到来自萨摩攻击，最终无力对抗不得不撤退。

驻扎在山崎的长州军与守卫丸太町通堺町门的越前藩兵以及彦根、会津、桑名、萨摩兵展开战斗，但是战况也不乐观，已呈败相的长州军一边继续战斗一边退入鹰司宅邸，但已经无法挽回颓势。久坂玄瑞在这战斗中负伤，在鹰司宅邸自尽，真木和泉受伤后撤退至山崎，于二十一日在天王山自尽。就这样在晌午前，长州军就被击溃。蛤门之战决定了禁门之变的成败。

禁门之变中长州军轻而易举的就被打败，令人简直不敢相信，这与后来在幕长战争（第二次征伐长州战争）中获胜的长州军是同一个藩的兵。战败的原因可能是士气的问题，原本参加禁门之变的长州军，并不是以战争为目的，而是对公家和朝廷保有期待，希望其有所改变而出兵的，因此士兵参战的意愿并不高涨。

长州军溃败之后四散而逃，乃美织江放火烧了长州藩邸，大火沿着房屋蔓延，第二天由于强劲北风来袭，大火迅速蔓延。京都的市民将家产财物拴在板车上，混在落难而逃的武士中一起逃散。这场大火被称为"大炮之火"或是"蔓延之火"，上京地区御所南部的两成多房屋被烧毁（5425间），下京地区几乎被焚成灰烬（22095间房舍被烧毁）。

二十日，被关押在六角监狱的平野国臣和古高俊太郎等33人，以企图越狱为由，被新选组斩首。

被称为尊王攘夷运动灵魂人物的久坂玄瑞（25岁）、平野国臣（36岁）、真木和泉（51岁）相继去世，成为了历史潮流中的一个分水岭。虽然支持他们激进的破约攘夷论的人变少了，但是很多日本人都被他们立志重建日本的高昂斗志和一腔热血所感染，产生深深共鸣。

4 第一次征伐长州

成为叛贼的长州藩

七月二十三日,以长州藩"挑起战端,向皇宫开炮,其罪不轻"为由,天皇下达征伐长州的敕令。在皇宫大门内守卫的会津藩兵,受到来自门外的射击,就算是向皇宫开炮了。公家对此事十分震惊,在他们看来,向皇宫开炮是不可能的事。

第二天(二十四日),禁里守卫总督一桥庆喜将各藩在京都的担任留守居一职的人召集至紫宸殿的前庭,老中稻叶正邦将写有敕令的书面文件亲手交给他们,并要求他们各自整顿兵力,等待幕府的指令。本来应该在二条城举行这一仪式,但是作为被庶政委任的将军、幕府的代理人,禁里守卫总督却以这样的方式传达了天皇、朝廷的意志。

此外,幕府摧毁了在大阪和江户的长州藩邸,并于八月二十二日剥夺了毛利庆亲、定宏父子俩的官位。如果没有官位,在皇宫御所就会被视为庶民，在江户城也就只被当作普通藩士看待，恢复官位相当于恢复名誉。

七月二十七日，处分了对长州持同情态度的公家，下令禁止有栖川宫织仁和炽仁父子、前任关白鹰司辅熙、权大纳言大炊御门家信、正钦町实德、日野资宗、鹰司辅政、前权大纳言中山忠能等参加朝议。庆喜应对着这些朝廷有实力的抵抗，可以说是在千钧一发之际，制定出了迎战长州的方案，战争开始之后无论这些人重复怎样的发言，都被庆喜断然拒绝。

在会津藩的记录写道，天皇曾说过如果没有庆喜，那么"世界将是黑暗的"。从国是会议到禁门之变，天皇对庆喜的信任没有发生动摇，庆喜从久光那里重新夺回并掌握了天皇。

但是这对庆喜的政治活动来说，却分别有着正面和负面影响。在这个时间节点来说可能有些为时过早，庆喜在朝廷会议上代表幕府发表言论，表现得过于自信，偶尔还显现出蔑视公家的态度。另一方面，老中们却搞不明白庆喜到底是幕府的人还是朝廷的人，渐渐与庆喜拉远了距离。

四国联合舰队进攻长州

八月五日，像是等着长州成为叛贼变为落难武士这一刻一样，英、法、荷、美四国的联合舰队向长州袭来。联合舰队有英国战舰9艘、法国3艘、荷兰4艘、美国1艘共17艘战舰组成，舰队的旗舰是萨英战争中的旗舰英国战舰尤利阿拉斯号。

这场战争很容易和去年（1863，文久三年）发生的下关攘夷战争联系在一起，但是由于英国当时并没有遭到长州的炮击，这次进攻并不是为了报复，而是为了让长州藩将关门海峡重新开放，该海峡从下关攘夷战争之后就被严密封锁起来，不允许外国船只通行。

由于关门海峡被封锁，就只能使用小型帆船运输物资，而且濑户内海—长崎这一航线也被切绝，长崎港无法发挥物资集散地的功能。其结果是，占据了英国对日贸易20%的长崎港，其贸易活动陷入了毁灭状态。虽然以生丝贸易为中心的横滨港的贸易进行的十分顺利，但还是不能无视长崎港的贸易受阻。

因此，英国公使阿礼国联合法、荷和美三国，向长州出动军舰。法、荷、美虽然在对日贸易方面和英国并不是利害一致关系，但是只有彻底击垮过激攘夷论最后的据点——长州，才

马关战争图（部分） 藤岛常兴画（下关市立长府博物馆藏）

能确保今后濑户内海航线的安全，因此三国认为此次行动是很有必要的。

四国联军通告幕府，如果不解除关门海峡的封锁，就会行使武力。但幕府根本没有对策。七月二十七日及二十八日，应该是得知长州在禁门之变中溃败而逃，联合舰队陆续从横滨出港。

八月三日，联合舰队集结于国东半岛（大分县）姬岛，四日一早开始出动。五日下午两点多，集中炮轰下关海岸的前田炮台，并登陆将大炮摧毁。六日早晨联合舰队又炮击坛浦炮台，并在上午10点多完成登陆将大炮摧毁，至此长州的大炮都不能再使用了。战争持续到了八日，但是没有发生什么影响战局胜败的事情。

八日正午，长州藩的使节来到旗舰尤利阿拉斯号开始讲和谈判，并于十四日签订讲和条约。事实上早在四日早上长州藩就已经决定允许外国船只自由通过关门海峡，并派伊藤博文和松岛刚三乘渔船赶往姬岛，将这一决定告知四国联军，但没能赶上，联合舰队已经出动了。

长州藩改变藩内方针、对关门海峡的自由通航做出让步，符合时代发展的趋势，但也留下了问题。关门海峡是日本领海内的航线，在现代也不会允许外国船只在领海内自由通行，更不要说是军舰，这不管是在当时还是现在，按照国际法来说都是无理的。

幕末的日本不论是军舰还是商船都允许其自由通航。长州决意封锁关门海峡的主要原因，就是对外国军舰宛如在自己领海随意航行的行为进行抗议，这在国际法上来讲也是有理可循的。英国政府向阿礼国发出命令，要求他停止对长州的制裁，但在命令抵达日本之前，阿礼国已经决定对长州展开进攻。

在讲和条件中也体现出阿礼国倚仗大英帝国态度蛮横，他提出要求赔偿战争经费、军舰用费以及舰队死亡人员赔偿金共计300万美元。幕府在荷兰建造的日本最先进的军舰开阳丸也不过花费了40万美元，300万美元的赔偿金真的是过于离谱。高额赔偿金其实是阿礼国的计谋，他预见到长州没有支付赔偿金的能力，只能由幕府代为负担，想要借此机会要求幕府如果不想支付赔偿金的话，就开放兵库港作为补偿。但幕府选择了支付赔偿金。

阿礼国主导的这场制裁战争和索取高额赔偿金的要求，不仅使长州，也使整个日本感到倍受羞辱。如果维持现状继续这样下去，日本今后肯定还会遭受相同的耻辱。必须要采取应对措施才行，必须要改变日本才行。但是该从哪里开始改变呢，此时的日本还没有找到出路。

庆胜辞去征长总督一职

长州从引领时代的先驱者，一下子陷入绝境，或许也可以说它是自食恶果。征伐令一旦发出，就不可能简简单单收兵。但是该做些什么才好，因为前后境况的落差实在太大，长州丝毫找不到对策。

八月二日，幕府下令在江户的各位大名等咸谒见，告知他们将军将要出兵征伐长州；四日，公布了随将军出征的老中和大名的名单；七日，任命前尾张藩主德川庆胜为征长总督；十三日，将芸州（广岛）、因州（鸟取）、阿州（德岛）、熊本、萨摩等中国、四国、九州的35藩分为五支战队（选定了五条进攻路线，分别为陆路从广岛出发经由岩国到达山口、从鸟取出发经由荻到达山口、从四国出发经由德山到达山口；以及海路的从下关出发到达山口，在萩登陆后再去往山口）。

随后又布置了将军出征时各大名在将军前后的先后顺序，公布了粮食的配给、道路的整修，用于搬运的人力和马的征发等相关命令。看起来像是马上就要出兵的样子，实则不然，这只是虚张声势，为了想让长州藩感到恐慌主动谢罪。

九月一日，幕府突然宣布取消参勤交代的缓和改革，将其恢复至1862年（文久二年）以前的旧制度。幕府意图通过增强幕府的威信，使得对诸大名的调动更加简单，此举与将军出征同时进行，其实是幕府使出的障眼法。

德川庆胜主动提出辞去总督职务，并希望由将军亲自指挥征长军，在出征时由将军亲下指令。如果通过将军亲征就能让长州屈服那自然是再好不过，谁都知道清朝就是由于太平天国内乱使得国家倾覆的。长州征讨一旦真的爆发战争，就将成为不该发动的内战，所以各藩其实都是反对征长战争的。在这样的境况下，总督一职进退两难，庆胜选择辞去总督是可以充分理解的。

但是朝廷一再催促，庆胜无奈只得横下一条心进京。总督庆胜于九月二十一日到达京都的住处知恩院，并于十月二十二日在大阪城与出战的各藩重臣进行了一次军事会议，下令各藩在十一月十一日之前到达各自所分配负责的进攻路线的突破口并完成布阵。征讨令下达三个月后，终于走到了要实际出征的这一步。

胜海舟和西乡隆盛

八月中旬萨摩写下一份建议书，准备呈递给朝廷（由大久保利通汇总萨摩藩内首脑意见后所书）。

建议书中写道：长州刚刚遭受外国舰队攻击陷入危难之境，此时不宜对其行征伐之举。虽然长州确实有罪，但刚刚结束与外国列强的战争，朝廷应该好好考虑轻重缓急，做出合理的处置。即使朝廷现在下令出兵，萨摩藩也会按兵不动（《大久保利通文书》）。

建议书被送到了身在京都的西乡隆盛手中，但由于长州和四国联军达成讲和，征伐长州也没有一点儿进展，西乡隆盛决定暂时先不将建议书呈递给朝廷。此时的西乡隆盛是严惩长州派的，在对待长州的态度上，与在鹿儿岛的萨摩藩领导层之间存在很大不同。西乡隆盛所持的激进论认为如果长州陷入困境恳求投降，就应该在东国附近划出一小片领地将长州藩改封至那里。

为什么他与萨摩领导层之间会有如此大的差异呢。西乡今年（1864年）二月二十八日才从冲永良部岛回到鹿儿岛，三月十四日才进京。西乡经历了一年八个月的流放孤岛生活，对于文久二年夏天到今年三月国是会议解体期间京都政局的混乱，他很难产生实感。

而大久保利通本就对一部分公家持批判态度，在动荡的政局中渐渐对大部分的公家感到失望，经过国是会议，最终对整个朝廷都感到了绝望。但是他的这种想法，让没有经历这一切的西乡隆盛接受是很难的吧。

禁门之变时西乡要求萨摩派遣藩兵，是为了缅怀前藩主岛津齐彬，继承并践行他遗志的久光据此制定了藩内方针，即朝廷面临危难情况，要举全藩之力进行守护。对西乡而言，对长州进行严惩也是继承了齐彬的遗志，这一点上他和久光及大久保之间有了较大分歧。

但是九月十五日，西乡隆盛（36岁）在大阪和幕府的军舰奉行胜海舟（41岁）进行会谈后，他打消了严惩想法。两人谈到了如果联合舰队为了要求天皇敕许讲和条约及开放兵库（神户）港，肆意在大阪湾集结对朝廷进行施压，西乡向胜表示，这样的话联合舰队就是没有把老中放在眼里，面对这种情况必须重新制定对策，该怎么办呢。胜如下回答。

由四五名贤明的诸侯组成协商体制，举全国之力配备能与外国列强对抗的兵力。在此基础上，既然横滨和长崎已经实现开港，要求就兵库开港一事重新谈判并缔结新的条约。胜的构想大致就是这样。其中关键在于，要由诸侯承担对外交涉的职能，实现破约攘夷（修正条约），并组建日本的国家军队。

这是很有胜海舟风格的宏大空想，但是西乡隆盛很受感动。在给大久保利通的信中，西乡报告了这次会谈的内容，认为在面临如此危难的政治局面，胜先生是能力最强的头号人物，自己对其很是敬佩（《西乡隆盛全集》）。因为对外交涉由诸侯承担，所以这一构想也是幕政改革的要点内容。这种体制被西乡表述为"共和政治"，当然这与近现代的共和政治是不同的。

有关这种"共和政治"有多种解释方法，但在西乡隆盛的概念里，应该就是中国史书《史记·周本纪》中所记载的分封各诸侯王通力合作的合议体制。这样的话，不用多加说明大久保利通也能够理解。当然两人也谈到了长州问题，胜海舟可能是劝说了西乡，在争论严惩还是宽典（从轻处置）之前，应该先考虑怎样才能避免内战。因为如果要举全国之力创设国家军队的话，长州的兵力是不可缺少的。

西乡充分理解了胜海舟的忠告，他不再拘泥于自己原来所持的观点，放弃严惩论，为了制止这场不该进行的战争，出发前往广岛和岩国出发。

三家老切腹

有关胜海舟的共和政治论，在此还想多谈两句。胜海舟和西乡隆盛会谈时也在场的萨摩的吉井友实，将胜的构想表述为"公议会"，并在给大久保利通的书信中提到"只有这条路才能拯救日本"（《大久保利通关系文书》）。

"共和政治"进一步阐释就是"公议会",简单来说就是大名会议,将大名会议作为国家运转的最高机构。正如胜所说,这并不是他自己独创的。大久保一翁、松平春岳、横井小楠也有相同的构想。重要的是要在各种场合谈及这种设想,从而让越来越多的人能够接受用这种设想来作为重建国家的方针。

我们把视线重新拉回西乡身上。十月二十二日,征长总督德川庆胜召集诸藩重臣召开军事会议,晋升为萨摩藩仅次于家老的重要职位——近侍的西乡隆盛也参加了这次会议。会上总督下令十一月十一日前各藩要到达各自所分配的进攻路线突破口,如果长州藩迟迟没有谢罪的动向,则以十八日为最后极限,一起发动攻击。

十月二十四日晚,西乡被总督庆胜传唤,让他就征长方针谈一下自己的看法。总督赞成西乡的看法,并拜托西乡协助。二十六日,西乡出发前往广岛。根据西乡写给家老小松带刀的落款日期为二十五日的信可知,西乡的看法大致如下:

……根据长州毛利家的旁支吉川经干(明治元年成为岩国藩藩主)的情报,长州内部也分为暴党和正党(暴党是以木户孝允、高杉晋作等为代表的改革派,也叫做激进派,他们自称正义派;正党是保守门阀,激进派称他们为俗论派)。将对立的两方势力混为一谈,一同将其置于死地是无可奈可之举。除非其谢罪归顺,否则将其判为逆贼,这并不是征伐的本意……

正党主要是门阀派,所以毛利家会将长州藩的存续放在最优先位置,即使是非常严苛的谢罪条件,他们也会尽可能接受,这就是西乡所说的归顺论者。另一方面,暴党面对难以接受的条件时,会采取武力反抗,是武备归顺论者(阳奉阴违的归顺,即表面表现出恭顺的态度,实则致力于充实军事实力)。

如果想不引发战争就能让长州藩谢罪来结束这次征讨,那么必须让正党接受谢罪的条件,重新制定藩论。有关谢罪条件西乡心中已经做出了决定,就是让益田右卫门、福原越后、国司信浓三位家老切腹,这三人已经在八月初被监禁在支藩的德山,看起来是可以被接受的条件。

十一月二日到达广岛的西乡,四日在岩国与吉川经干进行会谈,通过吉川向身在荻的长州藩主毛利敬亲(十一月四日,庆亲改名为敬亲)转告上述谢罪条件。此时长州藩的藩政基本全部掌握在正党手中,由和门阀派关系亲近的吉川来传达条件更容易被接受。

十一月十一日,益田右卫门和国司信浓奉藩主之命自杀;次日,福原越后也切腹自杀。同日,禁门之变的长州军参谋宍户左马介、佐久间佐兵卫、竹内正兵卫、中村九郎四人被处斩刑(寺岛忠三郎、入江九一这两位参谋,在战争中负伤,已于鹰司宅邸切腹)。至此,第一次征讨长州以幕府的不战而胜结束。

5 第二次征讨长州开战之前

高杉晋作举兵

三位家老的首级被送至广岛,十一月十八日总督德川庆胜验明首级,十二月二十八日下令出兵各藩撤兵。福冈、德岛、鸟取、熊本、广岛五藩共派遣了超过一万名的藩兵,这支总人数超过一万五千名的征伐军,未动兵刃就回到了各自藩地。

新年(1865,庆应元年)正月,总督派家臣前往江户,向幕府呈报直至撤兵的整个征讨过程,以及对长州藩的处分意见(藩主父子隐居、由亲族中人继承藩主之位,削减藩地10万石)。

总督以为只要让长州藩谢罪就完成了自己的任务,处分是幕府的职责,但是幕府却不这么认为,进而对包括处分内容在内的这次征讨行动都过于宽容表达了不满,进行了批判。长州征讨虽然遗留下如何处分这样一个新问题,但暂时画上了休止符。

将时间稍微向前推一些，三家老切腹谢罪虽然是有门阀派主导，但远远不代表整个藩的意见。十一月四日，奇兵队等各小队强烈批判门阀派借三家老的切腹表面上摆出恭顺的态度，实则就是想轻易地逃过一劫，并向藩主建议当前的首要事物就是培养人才和充实军事实力。

长州藩也确实需要改革了。从禁门之变就可以看出，长州军与萨摩藩兵相比，在装备方面明显落后。遭到四国联合舰队上陆攻击之时，长州军大多是手持弓箭进行防卫，身穿的防护盔甲在面对列强的来福枪根本毫无作用。长州参加禁门之变和迎击联合舰队的主力，是奇兵队等由武士农民和市民结成的混合小队，并不是藩的正规军。

十二月十六日，高杉晋作（26岁）和小队（游击队和力士队，大约200人）一起袭击了位于下关新地的长州藩会所。高杉曾于1862年（文久二年）在上海考察过英国军队的演习，他惊叹于英军近代化武器威力，回国时将高速连射炮加特林机关炮的示意图画在日记中。他深切感受到长州藩军事改革进行的太过迟缓，为各小队的士兵由于装备落伍而牺牲感到十分痛心。袭击会所正是为了呼吁尽快着手长州藩的改革。

门阀派出动藩兵来镇压小队和激进派，并将激进派的代表人物松岛刚三等七人处以斩刑，将担任藩内要职（政务和藏元[①]）的广泽真臣等三人投入监狱。门阀派不听任何辩解陈词，

[①] 藏元：旧时的官商，指在各藩仓库从事贡米和土特产等物品出纳的人员，初期有各藩士担任，后换成有一定实力的商人。

就使用武力进行镇压。

1865年（庆应元年）正月二日，高杉和游击队再次袭击下关的会所。这次是集结了同志和各小队，发布了弹劾门阀的"讨奸"檄文的举兵起义。高杉的好友，吉敷郡的大庄屋吉富藤兵卫应高杉所请，提供了200两作为资金。就这样长州进入了二分天下的藩内内战的状态。

藩内战争进行到一月末，高杉等自称正义派的人士和小

·高杉晋作

队的势力占了上风，正义派重归长州藩领导层。二月二十二日，藩主敬亲告知全体藩士要百政革新，并于三月十七日宣布在贯彻恭顺方针的同时，要致力于增强藩内的军事实力。也就是说将"武备恭顺"确定为藩论。

针对破约攘夷，几乎全部的藩内部都有对立意见，很难出动全藩力量行动。作为破约攘夷先驱的水户藩天狗党在筑波山的起义，演化成了和反对党的斗争，最终成为把农民也卷入其中的骚乱，这就是一个极端的例子。

长州藩痛定思痛，全藩统一为一个整体在新体制下重生，并在幕长战争中取胜，一步步参与到重建国家的事业中，当然，这都是后话了。

坂本龙马和西乡隆盛

四月十九日，幕府宣布将军家茂将率大军征伐长州。幕府谴责征伐总督德川庆胜未对长州藩进行处分就撤兵，认为此举损害了幕府权威，并下令将藩主父子，召回江户以作为处分的一部分。

这一命令对于已经由正义派掌权的长州藩政府来说是完全不能接受的。幕府因为命令被无视，碍于面子，也是为了重树幕府权威，决定了这次将军的出兵。但是各藩完全没有支持再度对征讨长州的意愿。

四月二十五日，萨摩藩的汽船蝴蝶丸从大阪港出发，船上乘着家老小松带刀（29岁）、近侍西乡隆盛（36岁）以及坂本龙马（29岁）。三人于二十二日离开京都。龙马的此次鹿儿岛之行，应该是和留在京都的近侍大久保利通（34岁）经过商谈的结果。小松和西乡则为了将不参与征讨长州定为藩论在返回萨摩藩的途中。

小松、西乡、大久保三人，是萨摩家臣团中的佼佼者，也是萨摩的颜面。龙马为什么会在蝴蝶丸上，他和萨摩的核心人物又有着怎样的关系？龙马是本书接下来的内容中的关键人物，下面就从他和小松以及西乡的接触开始，进行简单的介绍。

根据《坂本龙马全集》中年谱的记载，龙马第一次与西乡见面是在禁门之变之后，西乡和海舟会谈的九月十一日之前。但这其实是错误的信息，我认为两人见面应该是在西乡和海舟会谈之后，到海舟离开大阪的十月二十四日之间(参照拙作《坂本龙马和那个时代》)。

根据胜海舟《冰川清话》中所记，将西乡介绍给龙马的正是胜海舟自己，龙马对西乡也做出了很高的评价，也就是有名的那句："轻轻敲击就发出微弱声响，重重敲击就会发出巨大声响，如果他是个傻子那他就是天大的傻子，但如果他是个聪颖之人那他就会是个天大的天才。"

大家应该都隐隐能明白这一评价是什么意思，对其稍加说明的话，就是说西乡隆盛既能谈论生意这种小事，也能对国家大事发表自己的看法，甚至可以提出非常宏大的构想，他是一个不能用评价普通人们的标准——"是傻瓜还是天才"来简单衡量的大人物。西乡是个讲起话来也充满起伏的人，这一点深得龙马喜爱。顺带一提，沉默寡言的大久保利通是龙马最不会相处的一种类型的人。

海舟奉老中命令回到江户后遭到老中们的批判，他军舰奉行的职务被罢免了，神户海军操练所实际上相当于封闭了。龙马在四处奔走忙碌，在操练所中进行修学、同样从土佐脱藩而出的龙马的伙伴们面对这种情况不知如何是好。

此时正好在京都的小松带刀判断，可以将他们收归麾下。西乡可能是从萨摩藩中很早就和龙马交好的吉井友实口中得知消息，然后让龙马一起乘上了萨摩的船只，希望他能帮助自己进行秘密交易。

此时萨摩藩内急缺能熟练驾驶汽船的人。1863年（文久三年）岁末，从幕府借来的长崎丸被长州击中，失去了众多熟练的汽船乘组人员。正如前文所述，萨摩藩为了实现割据（从幕府独立出来），正在紧锣密鼓的进行交易活动，而且这还是秘密交易，因此吸纳值得信赖的龙马的伙伴，对于萨摩而言是水到渠成的事。

龙马的这位好友也在蝴蝶丸上，小松和西乡是分别怀着不同目的让龙马同行的。

将军出兵和错误判断

将军家茂五月十六日从江户城出发，闰五月二十二日到达京都，同日进宫参谒。天皇向他传达了"有关如何处置长州，呈上能表达众议讨论结果的方案"这一敕语，敕语的意思其实是要求制定一个不会引发冲突的对策，然而随行的老中没能深刻理解其中的深意。

二十五日将军移行至大阪城，老中本庄宗秀、阿部正外、松前崇宏以及名古屋藩主德川茂德同行，和歌山藩主德川茂承以及一桥庆喜、松平容保等人也随即到达大阪城汇合。可是老中并没有就长州问题征求他们的看法，也没有召集各诸侯询问意见，可以说没有按照敕语要求征询众议，但却天真乐观地认为，只要将军坐镇大阪城，长州马上就会派遣使者来投降。

然而实际上，大阪民众却以一种独特方式对将军出镇大阪表示了"欢迎"。五月以来，参拜尼崎"懊恼先生"（位于兵库县尼崎市，靠近阪神电气铁路大物站）的大阪民众激增。"懊恼先生"指的是禁门之变后,在逃亡途中被尼崎藩抓获,留下一句遗言"真的很懊恼很不甘"后切腹自尽的长州藩士山本文之助的墓。

"只要参拜了他的墓就能实现愿望",这一传言在民间流传开来,导致参拜的人数剧增,尼崎藩(谱代大名,四万石)于五月十七日下令禁止参拜。但之后,民众又马上一窝蜂地涌向残留在禁门之变后被摧毁的长州藩邸储藏室遗迹上的一棵柳树之处。这是因为有传言说,只要用这棵名为"悔恨之柳"的叶子煎药服下可以治百病。五月二十九日,大阪町奉行将这棵快要没有叶子的柳树齐根砍倒。

大阪町民涌向名为"懊悔""悔恨"的墓和柳树所在之处,是想表达对长州的理解和同情,同时也包含着几分对征讨长州行为进行抗议的意味。所以尼崎藩和大阪町奉行所必须赶在将军到达之前,将事态平静下来。

西乡隆盛向福冈藩士越形洗藏表明,征讨长州是幕府和长州之间的战争,萨摩不会出兵(落款日期为四月二十五日的书简),西乡的这番话,使原本就藩论就有改变路线倾向的福冈藩也决心不出兵。这样一来,无论是大阪民众、雄藩萨摩还是朝廷,都是反对征讨长州的。

但是老中没有听到舆论的声音,或许即使听到了他们也理解不了。为什么呢?原因其实显而易见:老中的更换太频繁了。1864年(元治元年)一年间就替换掉四名老中,1865年(庆应元年)更是替换掉了七名。一般来说会设置四名老中,如此多人次的更替太过异常了。而且1864年(元治元年)的四名(板仓胜静、井上正直、酒井忠绩、有马道纯）全部被免职，1865年（庆应元年）被免职的又有三名（阿部正外、松前崇宏、松井康直）。

至于被免职的理由，比如阿部正外和松前崇宏是因为与朝廷持对立意见，在事态复杂前被幕府罢免的，实际上很多情况下都是上级遇事推诿于下级而保全自己。根据记录，主动辞职的情况一般大多是因为朝廷要求其辞职，或是老中之间意见对立被迫提出辞职。

老中一般都由中小规模的谱代藩主在担任寺社奉行、大阪城代、若年寄等职，积累了一定经验后才就任的，是十分注重能力的职位。但是人才资源是有限的，当时已经呈现出人才枯竭的状态。每任老中任职期都很短，光是处理前任遗留下来的问题都已经精疲力尽了。征讨长州对日本的未来究竟会造成什么影响，他们根本就没有考虑的那么深。

因为根本就没有从容的心态去聆听舆论的呼声，自然判断失误也就不可避免。幕府的核心人员老中陷入了这样的状态，幕府想要有所革新就变得极为困难了。

萨摩支援长州

将军进驻大阪城以来，六月、七月、八月三个月已经过去了，却没有一点进展。但此时，萨摩和长州之间出现了推动历史发展的关键事件。而仿佛进入了休眠状态的老中们，却并没有注意到如此大的新动向。

　　小松、西乡和龙马于五月一日到达鹿儿岛。他们这次回藩是为了将藩内方针确定为即使幕府要求萨摩出兵协助进行对长州的征讨（第二次征长战争），萨摩也绝不出兵。在萨摩藩要决定方针，首先要领导层统一意见，在此基础上再由藩内上层人士对意见进行协商讨论。如果上层商讨也同意该意见，则将其确定为萨摩藩的藩论，并向全体家臣宣布。并不是由小松、西乡提出意见，再由久光下达命令，这样简单的自上而下的方式就能决定。因此，制定藩内方针一般都需要几天时间。

　　但是这次或许会需要更多的时间，因为是否支援长州也将成为议题之一，也可以说这才是中心议题。前文曾经提到，萨摩的长崎丸被长州军击沉，在这次事件中萨摩藩死去了28人。虽然萨摩人对长州的敌视程度，不像长州人将萨摩、会津视为"萨贼""会奸"那样深，但是对长州持反感态度的萨摩藩士不在少数。

　　深深感受到藩论决定前那种紧迫感的龙马，于五月十六日离开鹿儿岛，途径熊本，于二十三日到达太宰府。这里住着因八月十八日政变逃走的公家五人，他们从长州移居至此，因此这里也成为了和长州联络的窗口。通过这里龙马（29岁）和山口取得联系，并于闰五月六日在下关和木户孝允（32岁，即桂小五郎）会面。

　　西乡拜托龙马向木户转达萨摩的藩内方针（拒绝出兵协助幕府，选择支援长州）。萨摩没有人能和长州的要人取得联系，因此小松和西乡才想方设法让龙马同行。龙马和木户开诚布公地进行了一番交谈。谈及对木户的印象，龙马认为道木户是能够促成长州藩论的重要的可靠人物，双方都很欣慰。木户最终接受了萨摩藩的意见。

六月二十四日，龙马和西乡在京都会面，龙马传达了长州的提议：长州是否能以萨摩的名义从外国购买武器。当然，西乡当即同意了。七月二十一日，派遣至长崎的长州藩的伊藤博文（24岁）和井上馨（29岁），与在长崎出差的小松带刀会面，谈及购买武器的请求，小松也欣然答应。并且根据伊藤博文给藩领导层的信中所写，小松甚至承诺"无论什么事情都将尽力协助"，可见萨摩决定在能力可及的范围内将会鼎力协助长州（《伊藤博文传》）。

武器从小松谈妥的英国商人格洛弗之处购入。总共以九万两千多两购入米涅步枪 4300 挺，滑膛枪 3000 挺，为了避开幕府，于八月下旬由萨摩的汽船将其运至三田尻。接着萨摩又从格洛弗那里花费六万美元购买了汽船联合号（马力 70，排水量 250 吨），然后于八月二十六日在下关将这艘汽船转交给长州。顺便提一下，萨摩藩称联合号为樱岛丸，所有权归长州藩后命名为乙丑丸。史料中这三个名字总是毫无条理得出现，让人容易混淆。

第 4 章

为了日本的复兴（1865—1866）

西乡隆盛｜坂本龙马
　　　　｜木户孝允

1　征讨长州与敕许条约

为何支援长州

长州藩主毛利敬亲和世子毛利广封的联名谢函,递送至萨摩藩主岛津茂久与其父久光处(信上日期为1865,庆应元年九月八日)。

……去年与贵国(萨摩)发生了一些不快,但如今已彻底冰释。十分钦慕贵藩确守了勤王之正义。敝藩虽已经陷入朝敌的处境,仍然日夜挂心于朝廷的情况,敬请体察。今后也请多关照……

长州藩上层与萨摩藩达成了和解,充满感激地接受了志同道合的萨摩藩的好意。在京都政治舞台上扮演了主角的萨长两藩,之前并没有多少接触。后来由于禁门之变,长州藩开始敌

年代	事件
1865 庆应 1	八月,西乡隆盛发言认为幕府会自动倒台。 九月,幕府得到了征讨长州的敕许。庆喜以担任京都守卫的自己和松平容保、松平定敬三人辞职为由,胁迫公家(二十二日)。大久保利通撰写了批判幕府与朝廷的信件,称征讨长州的命令为"非正义的敕命"(二十三日)。 十月,坂本龙马将大久保的"非正义的敕命"书简交给了长州藩的重要人物广泽真臣(四日)。天皇敕许了条约(五日)。
1866 庆应 2	一月,在萨摩的热心邀请下,木户孝允进京并入住萨摩的藩邸(八日)。龙马在萨摩藩邸里与木户会面,主张为了日本的将来,萨摩和长州应该合作(二十日)。 五月,萨长誓约完成(二十二日)。大阪民众受到空前的通货膨胀冲击,在要求米店降价被拒绝后,打砸事件扩展到大阪全域。 六月,幕府军队与长州开战(第2次征讨长州)。 七月,广岛、冈山、德岛三位藩主联名,向朝廷建议解散征长军。将军家茂在大阪城病逝(二十日)。 八月,小仓口的幕府军败北,小仓城陷落(一日)。赴日的法国经济使节克雷与幕府签订了600万美元的借款契约(四日)。

视萨摩藩。但萨摩藩对长州藩的看法并非如此。

围绕着破约攘夷的局面形成了萨长对立,萨摩认为,长州的强硬论只是在一部分人强硬主导政治下形成的。既然存在破约攘夷这一共同的目标,如果长州改变这套有勇无谋的强硬论,协力关系还是可以继续的。

禁门之变中,久坂玄瑞、寺岛忠三郎、入江九一这三位家老死去。与此同时,长州军的队长也受到了处分,为首的强硬论者都不在了。接着,掌握藩政的门阀守旧派——即俗论党,也在藩内斗争里被扫尽。这时的长州藩与之前截然不同,由高杉晋作、木户孝允等人控制,他们能理性地把握现实,以改革为当务之急。萨长合作的基础重新成立了。

看到这里,幕府统治能力、问题处理能力的弱化已经非常明显。朝廷也不再拥有像原来那样的力量了。作为独立国家的政府,幕府陷入了极为危险的状态。英国公使阿礼国正是看清了这一状态,才敢提出过分的赔偿要求。

在萨摩看来,以幕府和朝廷为中心再建日本是不现实的。那么是否有其他方法呢?只能靠与强力藩合作结束这一局面,除此之外别无他法。这就是萨摩的结论。

长州藩不应该被灭亡,必须尽快修正这一点。支援长州的行动就传达了这个想法。还想继续被轻视下去吗?现在不出声,就只能永远地沉默下去了!怀着这样的想法,萨摩和长州向着幕末的第二阶段进发了。

幕府自动倒台

八月一日,小松带刀与长州的井上馨,从长崎回到鹿儿岛。他们可能向藩内高层报告了为支援长州而与格洛弗进行的交涉。就此,大久保利通留在英国,致信大目付新纳刑部和他的同事町田民部(信上日期为八月四日)。

新纳和町田,负责监督从这一年五月(旧历)开始在伦敦生活的15名萨摩藩留学生。其中一名留学生即是日后的文部大臣森有礼，另外还有此时身为随员的五代友厚（第一任大阪商法会议所会长）和寺岛宗则（后来的外务卿）。留学生赴英是秘密行动，在船只安排上得到了格洛弗的大力支持。

　　大久保在信中，向新纳和町田如此报告：……几乎没有藩赞成出兵征讨长州。熊本藩想做先锋，成了全天下人的笑柄。民众们也反对此事。这完全不是能发动战争的状态。幕府内部，老中和一会桑之间也有争执，可能形成"内乱"……可以说，幕府已经显露出了病入膏肓之相。

　　如果把日本交给这样的幕府，就与因太平天国之乱而倾覆、被英军践踏、面临殖民地化的清国走上了同一条路。为了避免这一情况，该怎么做才好呢？

　　……佐贺、越前、土佐、宇和岛等"有眼界"的有力藩国，"毅然施行了商法（贸易）"等富藩强兵政策，在其鼓舞下"割据"之势渐强。此时，长州也开始睁眼看世界，着手"商法"。萨摩不甘落后，为了尽快拿到预定的军舰和枪械在做准备……

　　"割据"，就是从幕府的支配、统治、庇护中自立出来。为了实现这个目的，富藩强兵是一个重要条件。拥有政治、军事、经济方面的力量才可以实现割据，弱小的藩是做不到的。虽然在这封信里没有提到，大久保的设想是，把以"割据"为方针的强力藩联合起来。想要拯救日本，让它站起来，现在就只有这个方法，并且必须尽快实行。这就是大久保的想法。

京都的西乡隆盛在寄给鹿儿岛的大久保和蓑田传兵卫的信件（信上日期为八月二十八日）里写道："幕府会自动倒台，毫无疑问。"然后他谈到，幕府下令征讨长州时，完全无法动员诸藩，需要天皇发布敕命才会有效果。这一点正切中要害。

值得注意的是他断言幕府会自动倒台这一点。这种确信可能并非西乡一个人的看法，而是不少人共持的印象。因为幕府会自动倒台，所以不必费力气来推翻它。与此相比，准备好幕府倒台之后的容纳机构，才是最重要、最紧急的课题。

等幕府倒台后再开始考虑就太迟了。野兽一般的目光正紧盯着日本。要理解幕末史，西乡的话是极其重要的关键词。

围绕征讨长州的朝议

正如西乡预测的那样，九月二十日，一桥庆喜携松平容保与松平定敬谒见天皇，请求下达征讨长州的敕命。由于禁里御守卫总督的地位相当于将军代理，庆喜是代表幕府来请求敕命的。

实际上此时，还有另一个重要问题——兵库（神户）开港。兵库的开港时间按约定为公历 1868 年 1 月 1 日（庆应三年十二月七日），但外国方面强烈要求提前。由于孝明天皇强硬地反对，老中们在应对这件事时完全没有表现出诚意。因此，英、法、荷在兵库的海面上集结了 9 艘军舰，摆出了要求与朝廷直接交涉的姿态。庆喜要求容保和定敬同行，正与这个问题有关。

如往常一样，朝议在晚上进行。内大臣近卫忠房最先发言，认为应该就长州问题召集诸侯，在听取众人讨论后得出结论。这一发言直接体现了大久保利通的意见。由于多位强藩诸侯作了同样的发言，可谓形成了公论。对此，关白二条齐敬认为，虽然长州乃朝敌这一点是不言自明的，但他反对在长州问题上不听取诸侯意见的做法，这一点成为了全体共识。

在关于外交问题上，在别处等待的德川庆喜也被征求了意见。他认为，幕府应承担起应对外国的责任，使他们从兵库港退去。在长州问题上，他认为与诸侯讨论如何处分成为朝敌的长州藩这件事，不应该同朝廷权威联系起来，并强烈要求天皇下达敕许。

这一晚，天皇也在御帘后参加了会议（垂帘出御、御前会议）。讨论参考了庆喜的意见，也观望了天皇的看法，最后结果是，对将军所要求的发动长州征讨军一事，达成了敕许。由于天皇不在朝议上发言，所以需要揣测天皇的看法。第二天早上5点多，朝议终于结束。稍稍复杂一点的问题就会造成彻夜的漫长会议。

先不提天皇对征讨长州是否持积极态度，为何他会颁布敕命准许呢？可能是因为庆喜向天皇暗示了如果拿不到敕许，他自己和松平容保、松平定敬三人（分别时任禁里御守卫总督、京都守护职、京都所司代）就会辞职。

出席会议的公家们的脑子里，重新想起了禁门之变以及外国的军舰。一想到外国军队有可能进入京都，他们就吓得发抖。一旦失去了担任禁里御和京都守卫职务的一会桑，除了恐惧别无他想。

庆喜对公家的这种心理十分清楚，所以使出了辞职这一王牌招数。可以说，庆喜用铁腕手段强行获得的天皇敕许。

"朝廷大限已至"

朝议结束后，近卫忠房将朝议经过和结果告知了大久保利通。说不定大久保就等在近卫府上。之后，大久保去了朝彦亲王府邸，质问道：

> ……长州藩已经要求三位家老切腹谢罪了，还要继续追究的话，需要有能被所有人接受的理由。如果没有，许可了追究行为的敕命就是"非义（非正义）"的，诸藩民众谁都不会接受的吧。能让"天下万民"都接受的，才可以称为敕命。不能把"非义的敕命"认作敕命，因此也不必遵从……

这是针对敕命本身的批判。由此继续推导下去，……正是由于没有遵从敕命（禁门之变时撤退的命令），长州才成了朝敌。现在，如果诸藩不遵从"非义"的敕命，朝廷的前后左右就全都变成朝敌了，这可如何是好呢……大久保如此追问道。

朝彦亲王不知所措，只能辩解说由于庆喜很强硬，自己无能为力。之后，考虑到关白身份特殊，与之会面必须经过各种复杂的手续，大久保写了一封亲笔信给二条关白。

即使在与关白会面时，大久保也不胆怯。毫无疑问，认为自己掌握着正义的人，是绝不会低头的。他认为，无论有什么理由，都不应把赔罪的人和以往的朝敌归为一类。诸藩是不会接受的。这难道不是以征讨长州为名，实际是幕府的"私斗"吗？为什么这种事居然能拿到敕许呢？针对关白的回答，大久保一条一条地进行了反驳。

二条关白最后提出，如果庆喜和容保辞职了该怎么办，就不说话了。对大久保的反驳，他什么都没回复。大久保紧追关白不放近四个小时。

之后（二十一日夜）重新举行的会议里，关白提出想再次讨论敕许问题时，庆喜发言说，如果受卑下之人（"匹夫"）的言论导致敕许搁置的话，他们（一会桑）和将军就一起辞职。这次是赤裸裸地对公家进行恐吓了。最终，敕许没有被推翻。

第二天（九月二十二日），大久保去了朝彦的府邸。亲王向大久保表示，虽然很"遗憾"没能改变朝议结果，还是希望今后也"多多关照"，此外只不过反反复复说了些"可怜可耻"的借口。紧接着，大久保拜访了关白的府邸。在这里，他也只听到了一些"啰啰嗦嗦"的借口。在这样的情况下，日本会"立即陷入暗无天日的境地"——大久保对关白说完这句话就退下了。走出朝彦府邸时，大久保说了句"朝廷大限已至"就离开了（《朝彦亲王日记》）。

大久保以及他背后的萨摩藩，至此终于看透了朝廷和公家，完全不再对他们抱有期望了。无论是正在自行崩溃的幕府，还是被这样的幕府（庆喜）随意操纵的朝廷，作为支持日本复兴相辅相成、缺一不可的两个轮子，已经不现实了。沿着这条路重建日本，日本必垮无疑，必须尽快找出对策。

条约敕许

虽然庆喜说过，幕府会负责驱除集结在兵库海面上的外国军舰，但实际上他并无对策。九月二十三日，老中阿部正外应兵库港的英国军舰所召，与外国代表进行了会谈。外国方面就提前开放兵库港以及敕许条约方面，向阿部施加了极大压力。他回答说将在二十六日做出答复，就返回了大阪。

在大阪城中召开的紧急会议上，阿部与同僚松前崇广主张，就依照幕府的判断，许可兵库开港也是一个不错的方案。因为天皇早就反对开港，而幕府被委任负责一切庶务，两人试图将这件事作为幕府权限内的问题说服天皇和朝廷，回答了开港方针和具体日期等问题。

阿部和松前是对朝廷态度强硬的老中。为避免与朝廷关系进一步恶化，幕府在十月十一日罢免了他们。幕府的人才，就这样接连流失了。

急急从京都赶来的庆喜提议，由于此事可能造成朝廷和幕府关系破裂，为了能与朝廷一起商议意见，希望推迟10天再作答复。外国方面也同意了。基于从围绕征讨长州的朝议中获得的经验，庆喜已经有了打算。

朝议于十月四日晚举办。这是天皇也垂帘出席的御前会议。在此庆喜使出了已经试验过的方法，即煽动公家的恐惧心理。他劝说道：首先，敕许条约是条良策，如果告知外国，至少他们会暂时从兵库撤退。如果既拒绝敕许签订条约又拒绝开港，外国军队可能会涌到京都来。

庆喜试着通过说明预想中外国的态度来说服众人，可是二条关白仅仅以敕许不同意作答，谈话完全无法继续下去。耗尽耐心的庆喜表示，如果拒绝肯定会发展为战争，而在以列强为对手的战争中，日本不可能获胜。他强调，难道日本灭亡也没有关系吗？无论如何，即使只敕许了条约也要通知外国，这一点很重要。另外，他还暗示了辞职这一杀手锏。

如果从列强的对日政策来看，他们并不会依仗武力涌进京都。队四国联合舰队攻击长州起主导作用的，是英国公使阿礼国。就是因为他并没有遵从自己国家的方针，同年末他被召回本国（继任者为帕克斯）。在大英帝国攻略日本的模拟实验中，也没有动用武力的案例。

庆喜的发言，显然是恐吓。必须在七日答复外国方面，必须拿到敕许，一部分也是因为他被犹豫不决的公家惹烦了吧。通宵会议持续到第六天下午，还没有得出结论。

最后做决定的是孝明天皇。晚上，朝彦亲王和二条关白收到了来自天皇的敕书。与之前讨论的情况不同，现在再不定下方针就无法挽回了，不能让天皇统治在自己这一代被废绝。天皇苦涩地决定：可以敕许条约，但不同意兵库开港。

朝议在晚上8点左右结束了。庆喜的传记《德川庆喜公传》

这样描述朝议中的他:"不停地威胁、哄骗、辩论。"朝彦亲王在日记中,则是如此记叙庆喜的言行:"极其不讲理,可恨,可恨。"可见,庆喜是以铁腕压倒了朝议。

七日将结果传达给了外国方面。英国公使帕克斯虽然就未触及兵库开港一事进行了抗议,但由于一直悬而未决的条约得到了敕许,他接受了这个结果。第二天,他们就从兵库海面撤退了。

2 坂本龙马前往山口

无力的朝廷

朝议中公家被庆喜（28岁）的口才压倒了。来看看出席会议的有哪些公家：关白兼左大臣二条齐敬（49岁），朝彦亲王（41岁），晃亲王（49岁），右大臣德大寺公纯（44岁），内大臣近卫忠房（27岁），议奏柳原光爱（47岁），议奏广桥胤保（46岁），议奏正亲町三条实爱（45岁），议奏久世通熙（47岁），议奏六条有容（47岁），武家传奏野宫定功（50岁），武家传奏飞鸟井典雅（40岁）。

除了近卫内大臣，全都超过了40岁。一般认为公家表现比较老练，但实际上，成员陷入了老朽化的状态，没有兼具霸气和能力、能与庆喜正面交锋的人才。如果没有岩仓具视（40岁），会议就会被庆喜的铁腕轻而易举地控制住。在等级森严的公家身份制社会里，出身于最低等门第的岩仓，原本是不可能成为朝议成员的。

除了正亲町三条之外，所有成员到1867年（庆应三年）春为止没有发生变动，因为没有人才可供替换。为什么会这样呢？原因很明显：有才能的公家一次又一次地在朝廷政治的斗争中被清洗出去了。

1682（文久二年）

关白九条尚忠、内大臣久我建通、岩仓具视等5人……理由是推动和宫的婚礼等协助幕府的行为。

1863（文久三年）

议奏三条实美、议奏德大寺实则、议奏广幡忠礼、议奏长谷信笃等年轻的公家共计16名……在八月十八日政变中，作为攘夷强硬派被驱逐。

1864（元治元年）

有栖川帜仁、炽仁亲王，前关白鹰司辅熙，议奏正亲町实德等16人……由于在禁门之变问题上同情长州这个理由。

就这样连续三年间，一共有38名公家被赶出了朝廷政治的领域，主要原因是他们自身的言行。他们都是公家中有能力的人才，朝廷自己削弱了自己的战斗力。和幕府的老中体制一样，朝廷的政治体制也处于危险状态。

无论多么稳固的组织，都会随着时间流逝而衰朽老化，忘记改革并陷入怠惰的状态。幕府和朝廷，可以视为这种现象的典型。

私信的报告书

让我们回到九月二十日举办的关于征讨长州的朝议。近卫把会议情况告诉了大久保利通，这是常常发生的情况。但大久保能与朝彦亲王和二条关白会面，甚至听到他们本人的辩解，是非常少见的。这是因为岛津家和近卫家、萨摩和朝彦亲王之间有特殊关系，如果是其他大名家就很难想象会发生这种事情了。

朝彦亲王对大久保说的话，虽然是对庆喜言行的谴责，实际上却明显地暴露了朝廷的无力。大久保真实的感受或许是：已经到了这种程度了啊，必须尽快向鹿儿岛报告。因此他写了一封四千余字的长信，"非义的敕命"这个词就是出现在这封信中，此外还提到了亲王与关白丑陋的辩解。

信上日期是九月二十三日，收信人为西乡隆盛，但信件内容是给鹿儿岛的报告书。西乡为了搜集在兵库海面上集结的外国军舰的情报而前往大阪，打算最近返回京都。因此，大久保没必要特意写信给西乡。但是这封信以批判的态度对待天皇和将军，为了预防万一经他人之手时给各方面造成麻烦，所以采用私人信件形式，以抒发个人感想为托词。

另外，这封信（报告书）的抄本还由坂本龙马所携，传达给了长州藩。这种情况下，也是使用私人信件的形式更为稳妥吧。西乡于二十三日回到了京都。大久保可能把朝议的具体情况详细告诉了他，之后又告诉了龙马。也可能从大阪开始，龙马就和西乡在一起。

大久保、西乡、龙马三人商议后，第二天（二十四日），西乡和龙马出发前往大阪。西乡持有信件（报告书）原本，龙马持其抄本。为以防万一，大久保作了一个副本。

二十六日，西乡和龙马乘坐萨摩藩的蒸汽船胡蝶丸从兵库出发，二十八日停泊于上关（山口县）。龙马在此下船，西乡则前往鹿儿岛。可以想象得到他们二人在船中的谈话内容：幕府正在走向崩溃，朝廷令人绝望，如此一来，重建日本的希望就在藩，就在我们。

第二天（二十九日），龙马到了柳井，十月三日抵达宫市，他在这里与长州藩士楫取素彦会面，以有要事为由，拜托他联系山口的藩厅政事堂。四日，龙马在三田尻（防府市）与长州藩的重臣广泽真臣会面了。

非义的敕命

广泽真臣回到山口后，六日，他把岩国吉川家的山口诘家臣山田右门叫到政事堂，将自己与龙马的会谈告诉了山田。之后，广泽向他出示了自龙马处得到的信件，指示他将这份极秘文件抄送吉川家。

其间经过，吉川家的《吉川经干周旋记》里有记载，书中

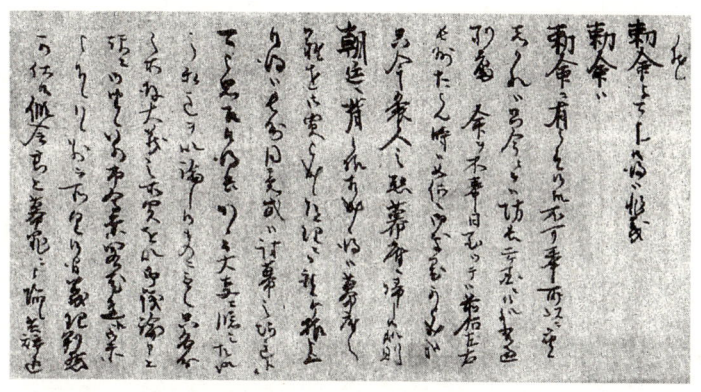

非义的敕命　大久保利通书信（大久保利泰氏藏）

还附有一个题为"信件抄本节选"的资料。但是乍看之下，不知道这是什么信件的抄本，没头没尾。虽然是信件的形式，但没有寄信人、收信人，也没有日期，因此要正确理解其内容十分困难。

我自己在刚开始读的时候，虽然还不清楚这到底是什么信件的抄本，但从提及非义的敕命那部分，就看出这不正是大久保的那封信吗？因为我曾反复熟读并牢记了大久保的主要信件。即使是在幕末史研究中，《吉川经干周旋记》也是很少被使用的文献，因此研究者们对此注目不多。对我来说，这是非常令人兴奋的发现。

也就是说，龙马把这封信交给广泽并详细说明信件内容和萨摩的想法，成为了萨长誓约（又称萨长同盟、萨长盟约）的出发点。这一点在幕末史的研究里是空白的。

信件的重点在于，明言征讨长州的敕命是非义的，因此不必承认，不必遵从。对敕命的批判，也就是在间接地批判天皇。

广泽将其作为"极秘"处理正是出于这个原因。出乎预料的是，在长州，批判天皇的声音越来越大，广泽慎重处理此事也是理所当然的了。

说点题外话，在函授大学教育的集中面授课程中提到这份史料时，有些学生（跟我同辈的学生）在报告里激烈批评大久保，说他"以为自己是什么东西"。虽然不知道他是天皇崇拜论者还是单纯讨厌大久保，想到还有这样的人，我就联想起了其他事情。

1927年（昭和二年），在《大久保利通文书》中第一次刊登了大久保的这封信。在那个对天皇和敕语的禁忌日益增强的时期，将明确批判"非义"敕命的信件公开，需要相当大的勇气。决定刊登的人，是与编纂工作密切相关的大久保利通第三子大久保利武。大概他是继承了幕末萨摩的信念吧。

回到幕末。在长州藩主父子致萨摩藩的岛津久光父子的礼状中提到，虽然长州变成了朝敌，无法自由行动，但他们还是日夜关注着朝廷的情况。作为支援长州的萨摩，自然会向长州报告朝议的情况。然而大久保有无论如何都想传递给长州的信息，所以他拜托了龙马。

想传达给长州的信息

有一个条件是萨摩有，而长州没有的，那就是萨摩藩的岛津家与身为公家的近卫家关系亲密，而长州藩的毛利家则并没有这样的公家盟友。

当然岛津和近卫的关系是特例，在其他大名中都不存在这样的关系。毛利家得自公家的情报很少，自文久三年八月由于政变被从京都驱逐之后，这一情况就更明显了。

政变前的五月，天皇密令久光进京，希望他排除掉持攘夷强硬论的三条实美等人，在朝廷进行改革。但久光回答，现在不能马上进京。因为根据近卫的信件，以及来自京都萨摩藩邸中与近卫和朝彦亲王关系密切的家臣的情报，他判断朝廷内没有协助者，实行改革会很困难。

与此相对，禁门之变中的长州，在缺乏情报、完全没有掌握朝廷内状态的情况下就贸然出兵了。接着，他们对朝廷内同情长州的公家们寄予过大的期望，攻击了天皇的御所。结果，长州被他们所期待的朝廷视为朝敌，后来发展到在天皇的敕命下遭到征讨，是与其本意完全想反的结果。接受这一结果，长州大概需要调整自己的心态。

大久保和西乡派龙马去长州，就与此相关。大久保的信件（报告书）和龙马直接向长州口头传达的，就是像这样的信息。

萨摩判断，幕府会自动倒台。这样的幕府为了恢复自己的威信，才强行要求了征讨长州的敕命。实际上，天皇对战争的态度是消极的，诸侯的讨论中家老发表了意见，但由于关白和庆喜的反对没有实现。

朝议被庆喜的雄辩所压倒，关白与朝彦亲王束手无策，屈服于庆喜，才拿出了敕许。但许可这种毫无道理可言的征讨，可谓是"非义"的敕命，萨摩藩认为不应作为正当的敕命予以承认，且相信其他诸藩也抱有如此看法。

　　大久保认为，因为是这样的敕命，所以无需恐惧。从信中可以看出，言外之意是对回应了幕府的天皇也持批判态度。他向很可能仍对天皇和朝廷抱着巨大期待的长州藩道出了实情，坦率指出现在的朝廷和幕府无法成为再建日本的支柱。

　　龙马告知他们，萨摩藩将以割据为基本方针。长州藩为诸藩之先，在 1862 年（文久二年）就将割据定为本藩的方针了，因此在这方面是前辈。作为后辈的萨摩藩希望和前辈携手，龙马应该是对广泽真臣传达了这个意思。

　　首先长州藩和萨摩藩结盟，规模扩大后，就形成了割据的有力藩国在协作体制下支撑起日本这个构想。为了实现这一构想，萨摩藩和长州藩必须直接会面，好好商谈，这是出发点。龙马可能是这样对广泽说的。

3 萨长誓约

木户孝允进京

十二月上旬（1865，庆应元年），为了传达萨摩藩领导人恳请木户孝允进京之事，萨摩藩士黑田清隆从鹿儿岛来到下关。

高杉晋作和井上馨等领导人物劝木户进京；在下关，龙马也热心地说服他，但木户犹豫着。他对萨摩藩的隔阂并没有完全消除，在萨摩藩支援长州藩一事上又感到自卑，因为在这数年里，长州该反省的事情实在不少。至今仍然敌视萨摩的奇兵队等组织也反对他进京。

木户在下关与黑田见面，黑田等着他回复。根据和高杉晋作一起行动的土佐脱藩士田中光显后来的回忆，木户进京之事尚未实现时，黑田已经做好了切腹自杀的思想准备（《岩仓具视关系史料》）。因为田中是和木户一起进京的人，在明治政府中又与黑田关系接近,他的话应该是可信的。萨摩藩的领导人们想必嘱托黑田,务必要让木户进京。

二十一日,藩主命令木户去视察京都和大阪的形势,木户决定进京。二十七日,木户和黑田从三田尻出发,同行的还有三好军太郎(奇兵队)、品川弥一郎(御楯队)、早川渡(游击队)和田中光显。他们可能兼具了护卫和监视的责任。

新年(1866,庆应二年)的正月四日,他们抵达大阪。由于禁门之变后幕府毁坏了长州藩邸,所以他们住在萨摩藩邸。此后他们一直躲避着幕府的耳目行动。八日黎明,他们乘坐萨摩藩船从淀川前往伏见,早上到达伏见的萨摩藩邸。西乡隆盛和村田新八在那里等候他们。然后,一行人徒步走到了京都二本松的萨摩藩邸。小松带刀和大久保利通在藩邸迎接他们。

萨摩藩邸是借相国寺的广阔用地(现在的同志社大学今出川校区)建成的,包括藩士用的长屋和单独一栋的本殿,客人使用的房间被安排在本殿里。根据木户的回忆,他受到极恳切的对待。可能两年半前他曾喜欢过的三本木茶屋的艺妓们都被叫来接待他了。

木户与小松、西乡、大久保的会面,大概从文久三年的政变开始,一直谈到元治国是会议、禁门之变、征讨长州问题(包括如何应对幕府对长州的处置),以及最主要的——说明萨摩的真正意思,并报告朝议中幕府(主要是庆喜)和公家令人无法忍受的现状。尤其是朝廷的实际状态,木户对这超乎想象之外的惨状几乎不了解,只能接受了。他终于真切理解了为什么萨摩建议以割据为方针的萨长两藩必须联手。

龙马的提议

木户对萨摩藩说，希望二十一日从京都出发回山口去。对行动派的木户来说，20多天行动受限的生活大概让他感到很疲倦吧。回忆记录中提到，萨长两藩间的条约谈判进展甚少的理由是，萨摩方面好像没有缔结条约的想法。虽然萨摩的作风是言出必行，但他们并不重视定下书面条约这件事。

此时龙马出现了。一月二十日，龙马在萨摩藩邸与木户会面，问及萨长两藩间的誓约是否完成了。听说到现在还没完成，龙马用非常不满的语气这么说道：

……我为两藩倾尽全力，不是为了萨摩和长州，而是为了日本这个国家。现在这个状态的日本，一想到它的将来，我就夜不能寐。好不容易两藩的首脑见面了，我无法理解你们为什么就这样浪费时日。为什么不抛掉隔阂，为了日本的将来，认真地谈一谈呢？……

这种充满怨恨的语气对龙马来说是很少见的。但木户也有他的理由。一旦发生战争，长州的四面都为敌人所包围，无法自由行动，很可能一时之间会走投无路。即使与萨摩约定了为日本的将来尽力，长州也无法自主地活动，反过来会把萨摩拖进危险的境地，还要向萨摩乞求援助。这会成为长州藩的耻辱，从自己口中无论如何也说不出来。木户如此表示。

木户和龙马在下关就誓约进行讨论，木户虽然是为了此事进京的，但萨摩藩好像没有这个意思，连言语间的暗示也没有。木户的心情很容易理解，理所当然。龙马明白，萨摩藩并非拒绝誓约，只是没注意到而已。这样的话，自己去向萨摩藩说明不就可以了？

龙马就对西乡隆盛说了。西乡马上理解了，请求木户延期回藩，预定的送别宴也取消了。实际上除了誓约，事态还有了新进展。这一天，幕府向朝廷提交了对长州的处分方案（减地10万石，藩主敬亲幽禁和隐居，世子广封永久幽禁）。如果长州拒绝，就会进入攻击阶段。西乡明白，在和木户会谈后，绝对不能向这个方案妥协。

虽然萨摩藩为阻止战争付出了很大的努力，但做好应对战争的准备也是必要的。在军事体制和心态等涉及长州藩机密的内容方面，必须参考木户的建议。木户这一边，也需要与同行的品川弥二郎等诸队的人进行讨论。二十日和二十一日期间，萨长双方调整了意见，在此基础上形成了萨长誓约的草案。

萨长誓约之日

萨摩与长州的约定，在各种书籍里一般被称为"萨长同盟"或者"萨长盟约"。以前大多是用"同盟"的，但因为容易让人联想到以倒幕为目标的军事同盟，近年来用"盟约"的比较常见。萨长同盟、盟约，都不是当时史料中使用的叫法，而是后来命名的。

如上所述，这个时期，萨摩和长州并不是以倒幕为目标的。因此，比起"同盟"来，"盟约"更加合适，我以前的作品也使用了后者。但木户和龙马称之为"誓约"，为了尊重这一点，从这本书开始，我想要改用"誓约"这个词。

关于完成誓约的具体日期，分别有一月二十一日说和二十二日说。虽然一日之差并不能对誓约的内容和评价造成区别，但我认为大致可以确定为二十二日，因此首先就此进行阐释。

我的史料依据，是之前提及的木户回忆录《关于萨长两藩盟约的自序》(《木户孝允文书》，文书题目为编纂者所加)。因为是多年以后的材料而被评价为史料价值不高，所以直到近几年为止，对它的研究都不太充分。虽然它是后来的记录，但至晚的也不过迟了十年左右。木户自己将之作为"重大"事件进行叙述，记忆十分准确，而且整体上也没有矛盾。在这篇有说服力的回忆文章中，萨长誓约的经过十分清晰，因此我认为是最重要的文本材料。

一月二十日，龙马与木户会面后，开始为誓约活动，萨摩藩请求木户延期归国。回忆录中接下来的"一日"[①]记载着以六个条约"约定将来"，没有关于二十一日的记录。"一日"是改日的意思，因此不是指二十一日而是二十二日。如果是二十一日，应该写"翌日"吧，写成"一日"有违常识。

持二十一日说的人，无视了"一日"这一记述。另外，品川弥二郎一年后寄给木户的信（信上日期为1867，庆应三年

---

① 一日：原文为いちじつ。

一月二十二日）中，提到："去年的昨夜（二十一日），从京都出发，一起回藩……"① 由此可知，木户是二十一日从品川出发去京都的，二十二日不在京都，有人因此认为誓约时间是在二十一日。

但是这样理解信件的字面含义是错误的。因为原文中的"仕り"是谦让语，从京都出发的是品川自己，那时并没有跟木户一起。他们是从大阪开始同行的。萨摩派遣了黑田清隆、村田新八等数人为护卫，热情周到地把木户送到了大阪。木户将之记录为誓约的翌日。他并没有和品川一起在夜色掩映下离开京都。

二十二日，萨摩藩的小松带刀、西乡隆盛，长州藩的木户孝允，以及坂本龙马，参与了萨长誓约的缔结。地点是二本松萨摩藩邸本殿的一个房间。近年来有个新说法是在由近卫家提供给小松带刀的住所——近卫家别庄通称花畑屋敷之处（现在的上京区室町头町），但缺乏证据。

小松的花畑屋敷，确实曾作为木户的休息场所。但如果是为了日本的将来、会在历史上留下痕迹的重大事件而进行的誓约，想必需要重要且机密的场所来作为会议室，我认为使用一个藩邸本殿的房间是更加合理的。

六条誓约

因为是广为人知的史料，本来不想全文引用了，但是我

---

① 原文为：昨年は昨夜(二十一日)京地発足仕り、お供申上げ帰国……

想要纠正一些对条文的误读，在讨论誓约的历史意义时也有需要，因此虽然有点麻烦，还是决定引用。如下所示：

一、发生战争时，马上派遣二千余士兵快速登陆，与目前在京都的驻兵集合，在大阪及周边也安置一千人左右，控制京都大阪两个地区。

二、战争呈现为我方有胜利迹象时，一定要尽力向朝廷进言。

三、万一呈现战败迹象，到最后溃败的一年到半年期间内，要尽力予以协助此事。

四、战后幕府军队东归时，一定要向朝廷进言，尽力让冤罪获得谅解。

五、士兵上国的基础上，一桥、会津、桑名等依然像现在这样操控着朝廷，无视正义，尽力周旋也没有其他方法，那就是到了决战的地步。

六、冤罪被天皇赦免后，双方诚心合作，为了皇国粉身碎骨尽力而为。无论什么方式，从今天开始，双方为了皇国，以回复皇威的光辉为目的，诚心诚意，一定尽力而为。

誓约是木户基于西乡口述的萨摩藩运动方针，整理成六条并记录下来的。但他并没有原样记录西乡的发言，例如第二条的"我方胜利"，掺入了木户的言辞，这一点需要注意。

那么来解读一下条文吧。

第一条,一旦发生战争,马上从鹿儿岛调集2000余兵力登陆,与在京都的士兵汇合,在大阪也配置约1000人,控制京都和大阪。

第二条,当看到我们长州藩胜利的预兆时,萨摩藩要与朝廷进行交涉,一定要尽力终结战争并洗脱冤罪。

第三条,即使万一露出败象,长州也不会在一年、半年间毁灭。因此在此期间萨摩务必要尽力终结战争和洗脱冤罪而努力。条文以"此事"结尾,因为是基于西乡的发言而写下的。另外,中止战争、早日终结、以及洗脱长州藩的冤罪,这些是萨长会谈的中心主题,因此被省略了。第四条和第五条则是说明了在不发生战争的情况下萨摩藩的活动。

第四条,不发生战争的情况下,幕府撤军时,萨摩藩一定要与朝廷进行交涉,为马上赦免长州藩的冤罪而尽力。

第五条,在幕府军队滞留大阪的情况下,一桥、会津、桑名如果像至今为止一般压制朝廷、甚至控制天皇,拒绝萨摩藩的正义主张,妨碍萨摩藩在这个问题上周旋的种种努力,那么就只能正面对决了。

从"决战"这个词来看,倒幕军事同盟的说法很有力。但是,决战并不是只用于战争的词语。在当时的围棋、将棋,以及现代的运动界里,"决战"都是一个日常性用词。但现在仍然有研究者取其战争含义,可能是认为萨摩藩作为一个单独的藩在与幕府进行战争吧。

第六条是最重要的条款。长州藩的冤罪昭雪时,双方诚心合力,为了日本,可称之为粉身碎骨倾尽全力。无论如何,从

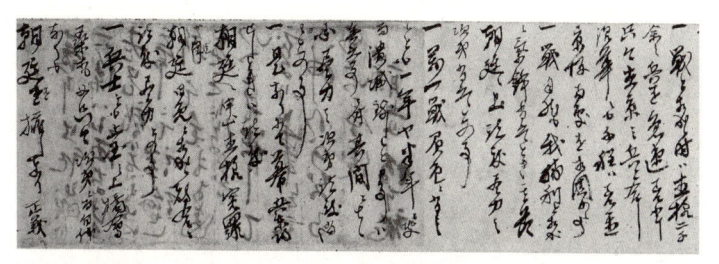

萨长六条誓约　木户孝允书简（官内厅）

今开始，萨摩藩和长州藩，为了夺回日本的光辉力量，以复兴为目标，诚心诚意尽力而为。

条款中的"回复皇威的光辉"①，有研究者解释为恢复朝廷的光辉，但这是错误的。因为朝廷已处于近乎无法重起的状态，这一点才是结下誓约的共通理解基础。正是因为对朝廷不再抱有希望，才必须进行誓约。

---

① 原文为：皇威あい輝き、ご回復……

4 为了日本的将来

木户寄给龙马的信件

誓约的翌日（二十三日），木户给龙马写了信，拜托他："如果六条誓约里有错误的话请订正。"龙马在背面回信说："一点错都没有。"这封信非常有名，六条誓约只记载在这里，因此是非常贵重的史料。它成为了宫内厅的藏品，经装裱后在背面写了字的部分开了一个窗，使这部分也能被看到。因为在各种展览中常常摆出来，看过的人应该很多。

龙马的提议不是为了萨长，而是为了日本的将来才应该进行誓约。萨摩藩接受了龙马的这个建议，最后完成了誓约。这一过程，被西乡隆盛称为"描绘将来的形状（考虑日本将来的情况）"、以六条誓约"约定了将来"。这些都可以由木户的回忆录得知。

根据木户的信件，关于这一点，想要再稍稍讨论一下。木户是这么记述的：

> 萨摩方面（小松带刀和西乡）传话过来，说他们非常赞成我对"未来的预测"，我由衷地感到高兴。因为无论我们是否能看得到日本复兴，正如尊兄（龙马）所说，为了这个时刻，我们要将誓约之事"明白"地记下。但现在，绝不会向那些无法自律、不成熟的浪人们泄露半分，请您放心。另外，也希望尊兄注意，别被奸人利用。

虽然有人认为誓约是秘密同盟，但其实并非如此。反幕的同盟等说法，是被气焰嚣张的同伙滥用了。他们称之为反幕的军事同盟，用以威慑轻视他们的人。

小松和西乡的话很好理解。但因为这是关系到日本将来的重要事件，木户需要确认自己对这六条誓约的理解没有错误。木户对龙马说，如果有错，之后就无法载入"青史"了，并拜托他对六条誓约进行修改。

六条誓约以西乡的发言为主。基于发言内容进行宣誓，结下约定。询问西乡本人其中是否有误，是失礼的行为。另外，萨摩藩虽然发誓了，却好像并没有考虑到誓约书之类的东西。但木户则不同。为了日本的将来，为了日本能够回顾这一刻，他想要把萨摩藩和长州藩携起手来这个出发点，留在历史里。

接下来要讲的是，木户在这封信中四次提到的"大事件"。

有些人直接将这个词理解为"大的事件"①,这样就不能正确理解木户的意思。应该把这个词理解成"重要的事件"②。若非如此,就无法充分理解信件全文的含义。如此著名的信件,却被如此草率地误读了。

誓约的意义

要重建日本,不可能只靠萨摩和长州两藩。志同道合的藩与民众的协助是必不可少的,必须扩大范围。木户对龙马说,因为自己无法自由行动,希望由龙马来召唤强大藩国的正义之士们。但为了不被误解,必须细心注意,对誓约进行说明。

誓约是着眼于将来的,不会在当前的政治动向中立刻呈现出来,但确实是在朝这个方向发展的。现在看来,"为了将来"很寻常,但在幕末,这其实是一个切实、充满生命力的词。

这个词,让希望声援长州藩的人们、感受到幕府恩义的人们,超越各自的立场并肩站到一起。萨摩与长州的联合,唤起了有志之士的变革意识,包容了小小的意见差异,走向了建设近代国家之路。

胜海舟的日记(二月一日条)中"萨摩与长州联合起来了"的记录,应该是得知了与龙马相关的信息,作为事实记

---

① 读作 ダイジケン。
② 读作"大事な件"。

下来的。海舟获得消息的速度真是非常快。关于誓约的概要，一点也看不出有萨摩和长州结成军事同盟、想要与幕府开战这个意思。

　　四月十四日，大久保利通在大阪城中与老中板仓胜静会面，提交了申请书，其中提出，关于征长战争的命令不论何种全都予以拒绝。板仓读过内容后，认为无法接受，想还给他，但大久保拒绝了。接着，大久保去了板仓的官邸，追问为何驳回，并抗议幕府胁迫朝廷、扭曲敕命、以及至今仍强行征讨长州之事。

　　之后，萨摩藩家老岩下方平也加入了和老中的讨论。大久保顽固的抗议是在意识到诸藩的目光后故意进行的。大久保和岩下的行动一方面是在实践与长州藩的约定，另一方面也有唤起诸藩共鸣的目的。

　　大久保将自己追问板仓的行动，告知了鹿儿岛的西乡隆盛。自西乡处得到报告的岛津久光和藩主茂久这两位大人（萨摩如此称呼二人），认为大久保"干得漂亮"，非常满意。西乡将此结果告知了大久保（落款日期为五月二十九日的书信）。

　　板仓拒绝受理大久保的申请书，可能是想避免这种情况：一旦接受了上申书，同样的抗议意见就会从各藩不断发来。不过，虽然不算是频繁发来，五月二十九日和六月四日，艺州藩把拒绝出兵的上申书递交给了在广岛出差的老中小笠原长行。同伴的范围实实在在地扩大了。

抗议征长的大阪民众

五月一日，小笠原老中整理了对长州藩的处分方针（减地十万石，藩主被处以谨慎及隐居等）的回答。在还没有得到答复的情况下，就告知决定在六月五日进攻长州。从四月到五月期间，由于战争无法避免的氛围越来越浓，对民众的生活造成了很大的冲击。

与开港前的1857年（安政四年）相比，到1866年（庆应二年）大阪的平均米价涨了10倍，其中，从将军向大阪城进发的1865年（庆应元年）到1866年（庆应二年）间，就急速上涨了3倍。很明显原因就是征讨长州一事。总之，自四月左右开始快速涨价，甚至波及了大阪的周边地区。

价格急剧上涨是由于缺米。其原因为：①据称有约10万幕府士兵，他们消耗了大量粮食；②诸藩在储备军粮；③一部分商人将米作为投机对象进行囤积；④幕府为了防止战争，限制了关门海峡的通船情况，从日本海一侧运来九州大米的途径被切断了。

五月一日，西宫（兵库县）的主妇们结成团体，开始与米店交涉，要求他们降低米价。三日到四日期间，民众形成了2000余人的团体，开始对拒绝降价的米店进行打砸活动。

这样的情况很快向周边波及开来。八日，在凑川（神户市），近一万民众挥舞着竹枪，敲打着太鼓，打砸米店、当铺，甚至酒铺。九到十日，从伊丹（兵库县）蔓延到了池田（大阪府）。

在大阪，十四日和十五日这两天，市区全部被骚乱席卷了。民众要求米店以一升（约1.5千克）400文的价格售卖时价700文的米。被拒绝后，打砸活动就开始了。到了第二天十五日，流传着一升米只卖200文的谣言，由于米店不同意，蜂拥而来的民众又进行了打砸活动。

这一天，被害米店上升到336个街区的885家，由于在市内全地域同时发生，大阪的地区官员们来不及处理。意味深长的一点是，民众在被砸毁的米店里留下了钱。总额为钱6518余贯，金41两余。虽然不符合被民众拿走的米的金额，但显然他们认为自己并不是进行掠夺的暴徒。

在骚动爆发之际，大阪萨摩藩邸留守居木场传内致信京都的大久保利通，请求下达向民众配发救济米的许可。这封信值得注意。大阪町奉行审问被关押的民众时，记录道，他们供述骚乱的"发起人在城（大阪城）中"（日期为五月十六日《大久保利通关联文书》）。将军德川家茂进军大阪，被认为是造成骚乱的根本原因，他们态度严厉地抗议了征讨长州一事。

开港后慢性的通货膨胀，在此时达到了极限。在通货膨胀之上是恶性通货膨胀。路易十六的政府发行了大量纸币，持有近乎废纸的纸币的民众们便喊着要面包变成了暴徒，成为了法国大革命的导火索。俄国革命的出发点，也是恶性通货膨胀。

日本虽与法国、俄国不同，是使用货币的，但喊着要米以及暴徒化的民众意识，无疑与法国、俄国的民众是相通的。不过我觉得，在米店留下钱离去的市民，以及侧面批判将军的大阪男人，虽然可能并没有意识到、但内心某处仍然保留着理性。

幕长战争

六月七日（1866，庆应二年），幕府联军炮击周防大岛郡的屋代岛。战争拉开了序幕。幕府在前一年的十一月，命令32个藩出兵，攻击点也划分好了。但实际出兵的，只有和歌山、彦根、松山、高田、大垣、宫津、浜田、福山、小仓、唐津、津和野、熊本、久留米、柳川这14个藩，外样藩只有津和野、熊本、久留米、柳川4个藩。

萨摩、艺州、越前、冈山、鸟取、宇和岛、德岛、福冈、佐贺等强藩拒绝出兵。在必须举国一致复兴日本的时候，这样的行为就是国内战争，不能帮助幕府与长州进行"私斗"。以割据为目标，这些强藩的提携，越来越强。

长州藩受到了来自艺州、上关、小仓、石州四个方向的攻击，所以此次战争被长州称为四境战争。通常孤立的长州如果受到四方而来的大军攻击，在战争开始之前就可以看到结果了。但是，木户在萨长誓约的会议上，断言长州能撑住半年到一年不败。

结果，不要说半年，仅仅两个月，长州就胜利了。实际结局比木户的分析判断更好。长州胜利的主要原因可以归纳为两点。其一是战略，就此可参考龙马印象性的观战记。

六月十七日，龙马在尤尼恩号（乙丑丸）船上，旁观了长州军登陆小仓领地田浦的作战过程。长州兵在登陆时采用了"分散开来，四个方向分别一人并肩站立"的战术。另一方面，小仓藩以身份低下的士兵为盾，构成一个个"丑陋的"块状。

长州的散兵战术，是为应对枪战制定的近代战术，其缺点是在远远散开的情况下，指挥官的命令很难传达。但是通过充分的训练熟悉战法后，就可以理解此时的战略，针对战况自主对应，发挥威力。总之，这在面对小仓藩的古典式战术时，有出众的效果。

散兵战术是基于军制改革的中心人物大村益次郎的提议，由木户采用的。在前线成为长州军主力的虽然是来自诸队的兵士，但他们都接受了大村根据实战制定的彻底训练。

由于是联合军，幕府军队缺陷明显。各个藩都用自己的战术、战法进行战斗，没有作为联合军的训练，连进攻的指挥系统都没有确定就投入了战争，各藩间的相互配合是极其不充分的。

长州藩取胜的第二个原因是对战争的意识和积极性。木户孝允、高杉晋作等人组成改革派政府后，以武备恭顺为藩论，长州的武士、农民、居民一起，日夜受到严格的训练。他们抱着绝不妥协、自断退路的觉悟来面对战争。因为担负着再建日本的重任，这是一场绝不能输的战争。

而幕府军是怀着各自的打算面对战争的。彦根藩将此战看成是为大老井伊直弼洗去污名、同时恢复谱代名门光荣的机会；熊本藩是由于对萨摩抱有敌对情绪，考虑到了萨摩和长州的关系而参战的；以九州为代表的旁系强藩，则认为可以趁机响震名声。

这些藩与那些仅仅为了遵从幕府命令而出兵的谱代藩之间，对同为幕府军的团结意识稀薄。况且，想要为日本、为日本的将来努力的藩，都没有参战。凭这样的军队想打败士气高涨的长州，是不可能的。

看到幕府的末路

幕府军的劣势十分明显。如果战争就这样继续下去，对国家来说是一种消耗。七月十八日，艺州、冈山、德岛的三位藩主忍不住联名向朝廷建言，要求解散征长军。二十日萨摩、二十六日鸟取和冈山的藩主向朝廷提交建议书，认为应该停止战争。

建议书强烈要求，必须停止倾覆国家的内战，尽快休战，对长州进行宽大处理，结束混乱。尤其是萨摩的建议，还提及了民众暴动，主张有必要尽早停战并进行政治体制改革，与众不同。

战败消息相继送到的七月二十日，将军家茂在大阪城中去世。继承了德川宗家的庆喜，表现出了试图亲身上阵挽回颓势的强硬态度。但在八月一日，得知幕府军的据点小仓城陷落后，他放弃了这个打算。九州方面的幕府军队没有等到指示就停战了。

八月十四日，庆喜向朝廷提出，许可休战和解散军队。朝廷在十八日发出了休战命令。然后九月二日，幕府与长州藩签订了休战协定。

小仓城陷落三日后（八月四日），驻日法国经济使节克雷与幕府缔结了600万美元的借款契约。幕府的担保是，将生丝、蚕种（蚕的卵）、茶等作为法国的独占贸易（借款在巴黎公布，由于预料之中地受到英国的强硬反对，最终没有实现）。

借款目的，是为了征讨长州购买军舰和武器。试图依靠外国维持政权，是陷入混乱国家的末期政权走上的共同道路。幕府已经在这条危险的路上踏出了步子。

大和国樱井（奈良县樱井市）的村官高濑道常如此写道：

> 像"三岁的小孩"那样为长州的胜利高兴。还有流言说，很快地，如果长州获利，物价也会下降。在我看来，"无论是不是错的"，会发生这样的战争，真是完全无法理解……（《大和国高濑道常年代记》）

对民众而言无法理解的战争，对强力的诸侯来说，却是非打不可的。在即将形成内乱之前，战争停止了。但这并不是结局，长州藩仍未摆脱朝敌的身份。朝廷和幕府认为只要下决心踏出一步，就能解决问题，实际上却拖延搁置了九个月。

第 5 章

新政府的创设（1866—1867）

王政复古　岛田墨仙画（明治神宫圣德纪念馆藏）

1　说着"不是挺好的吗"跳舞的民众

最后的将军德川庆喜

　　幕府军在战场上失利的消息相继传来，而将军家茂（20岁）于七月二十日（1866，庆应二年），在大阪城中病逝。死因是由脚气病导致的心力衰竭，间接原因是生活环境的剧烈变化。

　　他与和宫结婚仅仅四年半。在此期间，他三度进京，作为同龄的年轻夫妇一起在江户城生活的时间，实际上只有两年半左右。听起来就好像是随幕末局势而动荡的少年少女的故事。

　　过于年轻的将军，无法以自己的看法改变政治的激流。老中和上层幕府官僚对第十四代将军家茂的期待，不过是能够理解他们的方针就可以了。与手握实权的大御所、一代将军家齐不同，家茂和十二代家庆、十三代家定一样，将之称为老中政治支持下的将军比较恰当。

　　下一任将军最有力的候补者，从京都政局的实绩和政治力

年代	事件
1866 庆应 2	八月，在庆喜的要求下敕许解散了征长军队（十六日）。十二月，庆喜就任征夷大将军（五日）。孝明天皇病逝（二十五日）。
1867 庆应 3	一月，睦仁亲王即位为天皇（九日，满 14 岁）。三月，将军庆喜在大阪城向各国公使明言兵库将开港。四月，坂本龙马创设海援队。五月，将军庆喜就兵库开港的敕许，举行朝议。同时也谈到长州处分问题。敕许兵库开港（二十四日）。布告长州将受到宽大处置（二十五日）。同一天，在京都和大阪，发生了"不是挺好的吗"的民众狂欢（二十七日）。六月，萨摩和土佐的盟约（萨土盟约）缔结。七月，长州藩士柏村数马进京与萨摩藩等人（小松带刀、西乡隆盛、大久保利通）会谈。得到萨摩不会讨幕的发言后回藩。九月，后藤象二郎持土佐藩的大政奉还建议书，与萨摩藩的小松带刀、西乡隆盛、大久保利通会谈（七日）。大久保利通赴山口，与长州藩首脑进行会谈（十八日）。缔结萨长芸三藩出兵协定（二十日）。十月，土佐藩向幕府提交大政奉还建议书（三日）。将军庆喜向朝廷上表提出大政奉还（十四日）。小松、西乡、大久持"讨伐将军的伪敕"，为了要求藩主岛津茂久率兵出马，从京都出发去鹿儿岛（十七日）。庆喜向朝廷提交征夷大将军的辞表（二十四日）。十一月，土佐藩福冈孝弟向松平春岳说明土佐的新政府构想（九日）。坂本龙马遇害（十五日）。大久保利通说服正亲町三条实爱，以政变方式创建新政府（二十九日）。十二月，西乡和大久保就坚决执行政变一事与后藤象二郎商谈，后藤表示了理解（二日）。通过王政复古的政变，新政府创立了（九日）。王政复古的大令发布（十四日）。

来看，显然是一桥家的家主庆喜。在举行将军就任以前，首先要成为德川宗家的继承人。家茂去世后，这件事马上提上了议程。但是最初，庆喜是坚决推辞的。

虽然他担任将军监护职（1862，文久二年）、禁里御守卫总督（1864，元治元年），而且拥有老中的全面支持，但人们对他的生父德川齐昭在1858年因将军继嗣问题在大奥工作时毫无顾忌的行为，还残留着排斥情绪。因此，有必要与江户的幕府内势力进行协商调整意见。庆喜在二十七日接受继位。

德川庆喜

庆喜接到诸侯要求中止战争的建议后，七月二十九日举行了讨论是否解散军队的朝议。然而这一天，庆喜以想要自己领幕府主力军队出阵一事，请求敕许。庆喜的企图不是压倒长州，而只是想要挽回一点优势，达成休战协定。八月四日，天皇命令庆喜率军出发。

但是八月一日，幕府军的据点小仓城陷落。十一日，大阪城得到报告，小仓城的幕府军没有等到指示就解散了。虽然可以在其他地点继续作战，庆喜在此干脆地放弃了进攻的想法，转变得很快。就像对待元治国是会议中与诸侯的约定那样，在对待与天皇的约定时，他也迅速而彻底地改变了自己的态度。与近世日本武家社会的人们完全不同，他是个相当有个性的人物。不过大久保利通将这样的庆喜斥为"诡诈"之人。

八月十三日，庆喜向二条关白内部提出了敕许解散军队的要求。但是天皇并没有马上同意，而是以"请自行决定"表达了对庆喜的不满。十六日，朝议决定解散军队。此时不断出现对庆喜不满的声音。二十日，家茂发丧和庆喜继承宗家的决定被公之于众。

庆喜于十二月五日就任征夷大将军。由于家茂的就任时间是十月二十五日（将军家定逝世于七月六日），将军空位的时间并不算特别久。然而，家茂和庆喜本人面对的状况完全不同。家茂在政治上由大老井伊直弼全权代理，庆喜则被要求自己直面并全力处理政治问题。因为外国在兵库开港问题上很强硬，对他们做出回应是个紧急课题，没有将军是不行的。

但是庆喜无法独当一面。要修复与朝廷之间的僵硬关系，庆喜要获取尽可能多的诸侯支持来继位。没有势均力敌的对手，因此不必急于一时。十月十六日，庆喜进宫谒见天皇时，所受一切待遇已经与将军相同。这是庆喜通过二条关白实现的。十一月二十八日，天皇希望促成将军就任一事的内意被传达出来。天皇称将把一切委任于幕府，无意变革基于庶政委任体制的天皇与将军（庆喜）之间的关系。

即使守候在京都藩邸的萨摩藩士内田正风严厉批评说，让庆喜当将军无异于放虎归山，也并没能让事态逆转。

孝明天皇突然驾崩

在庆喜成为将军二十日之后，十二月二十五日，孝明天皇由于急病驾崩。大学的医学研究者们检查从发病到死亡经过的记录，得出结论：死因为"包含紫斑性痘疮和出血性脓包性痘疮的出血性痘疮"。这是原口清的论文《孝明天皇是被毒杀的吗》中的研究成果，发表于《日本近代史的虚像与实像》（大月书店，1990年刊行）。

至今为止，天皇是被毒杀的，而岩仓具视与此有关，这种说法相当盛行。其中最有力的，是石井孝根据同一记录研究天皇之病得出的结果。石井的病理学知识浅薄，还是身为专家的原口的意见更有说服力。此外应该没有再出现什么异说的余地了吧。

然而在我演讲时，至今仍然有人就天皇死因与岩仓之间的关系提问。因此想在此说明一下：岩仓不可能与此事有关。

岩仓从京都被流放，隐居于京都以北的岩仓村，因此有人认为他与幕后黑手有关，视之为犯人。但他为什么会想毒杀天皇呢？一般的理由是，天皇是公武合体论者，与此相对，岩仓是和萨摩、长州一起，以倒幕为目标，希望实现王政复古的人，所以对岩仓来说，天皇是个妨碍。但果真如此吗？

对于天皇之死，岩仓感慨道："大吃一惊，恐愕……万世的遗憾。"他通过向天皇递交建议等方式进言，尽力投身于新国家、新政府的构想，可如今悉数化为"画饼"，沉浸于失望之中。岩仓的构想与当时一般的王政复古论不同，独具特色。

他的构想是这样的：孝明天皇将国内的混乱都作为自己的罪过，在神的面前谢罪，发誓让政治焕然一新，以这样率直的姿态表明自己的决心，唤起天下臣民的感动，举国一致构建天皇的万机亲裁体制（《全国合同策密奏书》）……

由于需要发挥天皇的魄力、政治能力以及领袖魅力，这是以孝明天皇为基础才有可能实现的构想。虽然称之为天皇的万机亲裁体制，但并不意味着天皇的专制、独裁，而是在朝廷、幕府、藩以及全国人民支持下举国一致的体制。若非如此，是不可能重建日本的。

如果虚心听听岩仓的发言，就可以明白，说他想置孝明天皇于死地是无稽之谈。在这个问题上，我自己也曾经犯错，没有详细研究岩仓的主张，就接受了石井孝的说法，错误地认为岩仓是幕后黑手。（拙著《戊辰战争》中公新书，1977年初版。1990年再版时，在后记里提到了这个错误。另外，关于岩仓的构想，在拙著《岩仓具视》吉川弘文馆，2006年发行有详细论述，如果我的意见能为读者提供参考，那真是不胜荣幸。）

到了新一年，1867年（庆应三年）一月九日，新天皇举行了践祚之仪。年幼的皇帝刚满14岁，尚未元服，关白、左大臣二条齐敬成为摄政。实行大赦，除了三条实美等在长州逃走的人，被朝廷流放的许多公家都得到了赦免，但不包括岩仓具视。这可能是出自二条摄政的意思，不过并没有证据。岩仓具视与大久保利通的谈话曾提到想要在朝廷里活动，但只得到了现在希望他以"忍之一字"暂时忍耐的回复，岩仓到底也感到灰心了。

兵库开港问题

即使天皇活着，岩仓的构想从一开始也是不可能实现的。

支持天皇亲政的组织必须是稳固的政府。而当时无论朝廷还是幕府，都不合格。我认为，岩仓并没有对朝廷的改革放弃希望，只是期待不大而已。

与此相比，看起来他对不以朝廷和幕府为母体，而是创设一个全新的政府一事，似乎是动了心的。在这一点上与萨摩的方向一致。前一年，庆喜继承宗家时，松平春岳虽然向庆喜建议大政奉还，但他明白朝廷并没有担当国政的能力，新政府的创设与大政奉是配套的。新政府的创设，毫无疑问会成为新的潮流。之后，何时、以何事为契机，乘势行动呢？然而这个时刻出乎意料地早，而且还是对方先开始行动的。

对新将军庆喜来说，最大的问题是兵库开港。根据条约规定是在1868年1月1日（阴历十二月七日），但列强坚持要求尽早开港。然而孝明天皇虽然敕许了通商条约（1865，庆应元年十月五日），却顽固地拒绝了兵库开港一事。兵库也像横滨一样建了居留地，如果再让外国的军队驻留该地，就更成为日本的屈辱了。可能天皇将此事理解为是自己的责任造成的。

这位天皇逝世后，庆喜面前的巨大壁障就消失了，但基于天皇意志、拒绝兵库开港的朝议结果依然存在。法国公使罗修威胁庆喜，如果这个问题不解决，就无法维持两国间友好的外交关系了，并且他会认为庆喜他们没有解决的能力。

三月二十八日，英国公使帕克斯、荷兰公使波鲁斯伯洛克、法国公使罗修、美国公使法尔肯博鲁克对大阪城中的庆喜进行了官方谒见（从帕克斯开始，按顺序单独谒见）。此时，庆喜向各位公使明言,要按照条约规定进行兵库开港。此事虽尚未得到敕许,但很可能庆喜已经确信可以在朝议上对敕许进行决议。

关于兵库开港问题,几乎没有藩国反对。一年前的四月,土佐藩才创设开成馆,着手于通过对外交易实现富国强兵。同年年底以及本年二月,购入了蒸汽船,并组织坂本龙马的海援队作为开成馆贸易的专属商队等等,在这个四月试图强化事业。

世界已经进入了贸易、交易的时代。对诸藩来说,贸易、交易的场所增加,是值得欢迎的事情。在舆论的推动下,朝议的动向是可能发生改变的。

混乱的朝议

虽然庆喜脑中满满都是兵库开港的问题,诸侯的关心之处却与他有所不同。特别是岛津久光、松平春岳、山内容堂、伊达宗城这四位,他们认为,兵库开港是理所当然的事情,更重要的是解决长州的问题。

四侯联络,约定在朝议举办之前进京。在能与庆喜交谈的情况下,以调整意见为目的,最早是久光于四月十二日到京,五月一日容堂抵达后,四人到齐。

四侯在与庆喜数次谈话后,像庆喜期待的那样,他们在敕许兵库开港一事上成为他全面性的后盾。庆喜则按约定要在朝廷里施加影响，赦免一直被当做朝敌的长州，以休战终结长州征讨之事。

五月二十三日，朝议举行。除通常成员之外，有近卫忠熙、鹰司辅熙、鹰司辅政等元老级朝议前成员；另外，武家方面有板仓胜静、稻叶正邦两位老中，以及京都所司代松平定敬、松平春岳等；然后，将军庆喜也出席了。可以说，这一次的朝议破例进行了扩大，是一次重要的朝议。

会议由庆喜的发言开始：通过对长州宽大处理以平定局势，以及，敕命兵库开港，这两件事不仅是自己的，也是四侯的强烈要求。虽然稍稍吹来了一点改革之风，但朝议仍然和以前一样是以公家单方面的节奏进行的。公家们对武家的发言吹毛求疵，来来回回兜圈子，以致讨论迟迟没有进展，无法得出结论，这也和原来一样。庆喜对晚上12点左右出席的伊达宗城说，无论花上几天他都不会退出，一定会坚持到结论出来为止。由于已经公告说兵库开港的新日期将在原定开港日的六个月之前（六月七日），庆喜肯定有紧迫感。

此次一如以往变成了彻夜会议，关心朝议结果的公家进宫谒见天皇进行商讨，使御所内陷入了骚动状态。在此，二条摄政告知庆喜，拿到敕命很困难。而庆喜则放话说，直到拿到敕命为止，他绝不退缩。

鹰司辅政在此要求二条摄政给出直接意见。二条回答，自己想认可庆喜的要求，根据他观察天皇的意向，天皇也持同样意见。鹰司抗议道，既然如此，就不应该以御所内的纷争为由推延。

松平春岳记道，这天朝廷内混乱得就好像"戏场"[①]一样。"戏场"即指聚集着大群庶民的戏园子，他用这个词意在进行严厉的批判。另外，伊达宗城在日记里写道，会议中庆喜的言行，表现出对朝廷"无法用语言形容"的强烈蔑视。庆喜强硬的姿态和威吓性的发言，压倒了公家们。

　　二十五日，幕府就兵库开港和"宽大处理"长州藩发布了公告。这意味着，原本被作为朝敌进行征讨的长州藩不会被问罪。

"不是挺好的吗"的发生

　　发布公告的同一天，二十五日，从京都三条大桥的布告牌上，取下了写着征讨朝敌长州的公告。以此为契机，民众们开始跳舞。"……长州的胜利呀胜利，米价和各种物价，一个劲地下跌呀……"人们反复说着这样的话，热情高涨地跳起了即兴舞，持续了整整两天。

　　大阪高丽桥的布告牌，是在二十七日拿下的。围观者聚集起来，在拿下公告的瞬间，爆发出欢呼声。他们拍手、跺脚地打着拍子，高呼长州胜利啦、胜利啦，穿上各种道具和服装开始跳起舞来。

　　这次并非暂时休战，而是幕府和长州的战争不会再发生

---

① 原文为戯場（ぎじょう），也读作げきじょう。

了。民众们都知道，在战争中长州处于优势。幕府败了，长州胜了。将军庆喜垂头丧气地退回了江户，长州在向京城进发。民众的期待高度膨胀。

在大阪，穿着漂亮的和服、以200到300人为一组的即兴舞蹈逐渐蔓延开来。人们高呼着"长州驾到"，期待着长州进京这件大喜事。

舞蹈还伴有呼喊声：这样不好吗，把臭的东西盖起来，把阴部盖起来（或者，把阴部盖上纸、失败了再盖起来），不是挺好的吗，哎不是挺好的吗。一旦发出这些声音，人们就会疯狂跳舞。

这类行动是对那些盯着日常生活各个角落，试图进行统制、规范的地区官员进行抵抗的声音吧。把臭的东西盖起来，就不臭了。用纸把阴部盖起来，就不再会看不顺眼了。这样不是挺好的吗，哎不是挺好的吗？这实在是前所未闻的民众自发集体行动。

民众们为什么对长州的"胜利"感到如此喜悦呢？为什么

"不是挺好的吗"图（《近世珍话》，京都国立博物馆藏）

他们觉得长州进京了物价就会下降呢？对长州抱有如此高的期待，是什么理由造成的呢？

前一年五月，大阪民众被海啸般的恶性通货膨胀直接冲击，甚至于发展到打砸米铺。经济之都大阪的民众们很清楚，恶性通货膨胀的根本原因在于，随着开港之后物价持续上涨，幕府不断发行恶劣货币（万延二分金）。

说起来，最初的原因在通商条约。提出放弃或改动这个条约，与外国重订平等条约的破约攘夷论，正是以长州为先驱的。持续严厉抗议没有积极思考对策的幕府的，也是长州。

尊皇攘夷，即使敕许了条约，也不意味着这个词要被忘记。民众认为，如果是长州的话，可能会听取我们的声音，制止通货膨胀吧。还有，终止恶劣货币的发行。破约攘夷或许能够实现。如此这般，对长州的期待剧烈膨胀。可以从中闻到新时代的气息。不是挺好的吗，哎不是挺好的吗……

大政奉还与"不是挺好的吗"

"不是挺好的吗"研究有丰富的积累。但是对这次京都大阪民众舞蹈的深入研究很少。其原因在于，没有结合"撤下公告"这一事实，就对"不是挺好的吗"前期阶段的运动进行定位。所以该运动与长州之间关系的分析在研究中也很少见。

看一下"不是挺好的吗"研究的前驱——田村贞雄的著作。他注意到，该活动的出发点——三河地区以撤下公告为契机而开始的民众乱舞,在向骏河地区传播的过程中形成大爆发,在此期间并没有"不是挺好的吗"的呼喊声。如果不拘于把撤下公告、乱舞、呼喊声列为"不是挺好的吗"三要素,可以看到反映了各个地域特点的"不是挺好的吗"。田村也在近年的研究中,认为京都大阪地区的乱舞充分满足了"不是挺好的吗"的要素。

集中了撤下公告、乱舞、呼喊声三要素的"不是挺好的吗",是紧跟着将军德川庆喜向朝廷上表大政奉还(十月十四日)的举动,从京都开始的。以伊势神宫的公告为首,惠比寿、大黑等各种各样的公告被撤下来,富裕的市民解开门前的稻草绳,准备了贡品来祭祀,拿出酒请客。民众们打扮起来,随着"不是挺好的吗"的呼喊声乱舞。

京都民众对萨摩的动向十分敏感。萨摩判断,庆喜可能不会主动地返还政权,所以认为需要让藩兵进京,以武力为背景逼迫他进行大政奉还。民众认为,萨摩的这一动向不就是举兵倒幕么,京都也许会变成战场,因此越来越不安。但是,大政奉还的上表证明之后不会发生战争,他们放心了,由此变成了"不是挺好的吗"。

在维持和平的情况下,进行政权交替,进入新的世界,这不是很让人振奋的事情吗?喜悦以舞蹈的形式爆发了出来。顺便提一下,在江户也撤下了公告,但并没有发生"不是挺好的吗"。可能是因为预感到了德川时代终结的江户人,没法产生跳舞的气氛吧。

有说法认为,"不是挺好的吗"是掩盖倒幕运动的行动,这不过是无视了民众心理、心情的民间传说罢了。没人目击到公告从天而降,是谁悄悄地放到那里的。另外,"不是挺好的吗"并没有留下期待长州的话语。此时,对民众而言,长州还是和萨摩联手的危险藩国。

2　萨摩和土佐的盟约

新政府是必要的

　　回到五月二十三、二十四日的朝议。兵库开港问题虽然得到了天皇敕许，但却是靠庆喜在会议中强调这也是以四侯为首的诸位大名的强烈期望，并且最后使用强硬手段促成的结果。

　　那么，庆喜和四侯约好的长州问题怎么样了呢？正如在"不是挺好的吗"中看到的那样，长州藩的朝敌身份解除了。但是四侯对庆喜的要求，还包括恢复藩主毛利父子的官位和许可他们入京等等，赦免的具体内容需要朝廷的进一步推动。但是如伊达宗城所说，庆喜摆出一副"不知道的脸"，避而不谈这些问题。对庆喜而言，敕许兵库开港的问题比什么都重要，长州问题要排在第二位，只是为了保证与四侯之间的约定而定下来的，所以不知道也没关系。四侯想着庆喜又故伎重施了，但庆喜其实并不是这么想的。

直到成为将军后,庆喜和四侯才平等地进行了对话。但此时的庆喜流露出一副将军是特别的,只是在屈尊和连大名都不是、隐居之人会面听听看他们的说法这样的态度。如此一来,显然不能和以前一样率直地交换意见。朝议的情况由春岳和宗城报告给了久光和容堂。久光有腰痛的老毛病,容堂自称鲸海醉侯,两人的身体条件让他无法忍耐长时间的会议,只能如此。四侯抱有很强烈的危机感。

在将一切委任给幕府的敕命(1864,元治元年)下,形成了庶政委任体制,但是国家的重大政策和重要的议事,都需要经过朝议的讨论,朝议是日本的国家最高会议。这个朝议已经陷入按照庆喜想法运作的状态,变成了赋予庆喜政治权威的存在,甚至有变成庆喜强化专制政治的危险。

西乡隆盛说过,"幕府会自动垮台",但实际上,幕府在不顾形象地延长自己的寿命,顽强地活着。因此,无论如何都看不到举国一致的努力。朝廷也完全一样。看着一切如故的朝议,就能知道他们并没有在认真考虑日本的将来。

这个时期的政治形态,与近现代的联合政权不同,但在形式上构成了朝廷和幕府联合的样子,因此暂时称之为朝幕政府吧。这个政府的会议就是朝议。但是这个政府会议与快速变化的幕末时代状况是脱节的。在这种情况下,日本没法动弹。有必要进行根本性的改革。

四侯的共同认识是,不以朝廷或幕府为母体,创设一个全新的政府。大政奉还,是为实现这个目标的最初一步。即使从庆喜手中拿到政权,朝廷也没有承担国政的能力,这一点很明显。这个浮在空中的政权肯定需要一个接收容器,也就是新政府。但首先是让庆喜下定决心归还大政。

行动起来的是萨摩。六月初,大久保利通在寄给鹿儿岛的近侍蓑田传兵卫的信件中提到,准备用军舰运送一大队的藩兵进京,根据后续情况,藩主茂久也可能出马。在京的萨摩首脑们(久光、小松带刀、西乡、大久保)不认为庆喜会自发地实行奉还大政。派遣藩兵,是准备以武力为背景,胁迫庆喜大政奉还以及辞去将军一职。

有说法认为,萨摩藩的这一动向是为武力倒幕做准备。这是萨长讨幕派史观下采用的错误理解。

萨土盟约

紧接着,土佐藩行动了。与坂本龙马一起,从长崎进京的土佐藩参政后藤象二郎,在六月十七日,向同事寺村左膳提议,要求庆喜进行大政奉还(此事没有留下能作为证据的史料,船中八策被认为是,依据在从长崎出发的船里后藤与坂本龙马关于新政府方针的讨论,总结完成的)。

此时,同事福冈孝弟和真边荣三郎也在京,经过与四位土

后藤象二郎

佐藩首脑讨论后，后藤的提案被确定为土佐的方针，寺村将其中的要点总结为名叫"大条理旨趣"的书面材料。二十日，后藤拿着这份书面材料与萨摩的小松带刀面谈，称他获得了小松带刀的同意。另外凑巧的是，佐佐木高行（大监察）也进京了，通过建议书的形式要求庆喜进行大政奉还这件事，被定了下来。

二十二日，土佐的后藤、寺村、福冈、真边，和萨摩来的小松、西乡隆盛、大久保利通进行了会谈。坂本龙马和中冈慎太郎也出席了。由于土佐的首脑之中没有与萨摩交好的人物，推动举行这次会议的大概是龙马吧。虽然中冈可能也起到了一些作用，但萨摩与龙马的关系更为密切。

讨论中心是大政奉还问题，萨摩对此没有异议。另外，关于大政奉还后接收的新政府，土佐介绍了他们的构想。虽然不知道萨摩对此做出了什么反应，二十六日，订正后的版本送到

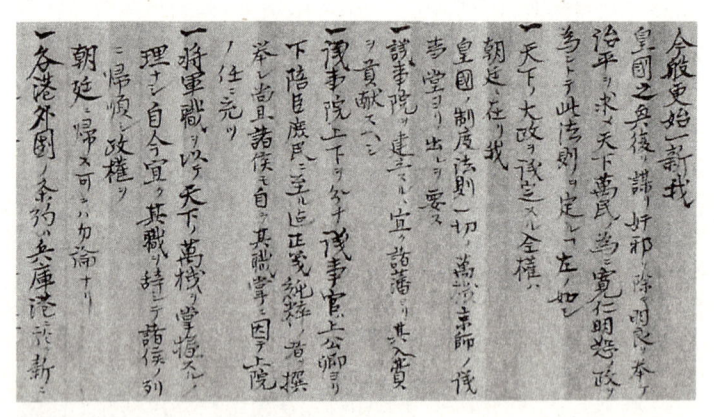

萨士盟约约定书（鹿儿岛尚古集成馆藏）

了萨摩,看样子萨摩多多少少有一些意见吧。总之,在两藩之间没有大的意见差异。萨摩和土佐的盟约成立了。

不是朝廷也不是幕府,日本史上最初的新政府构想成型了。幕末的潮流中,新政府的创设活动渐渐成为主流。如果从实际上推动了历史这一点来说,比起萨长誓约,萨土盟约的地位更具重要性。那么,让我们来看一看新政府的构想吧(数字是为方便起见,由作者所加的)。

① 政府协商"天下的大政"并作决定。制度、法令等全都由京都的议事堂颁布。
② 议事院的经费由诸藩分担。
③ 议事院实行上下二院制。议员从自公卿到庶民的"正义纯粹"者中选拔。诸侯成为上院的议员。
④ 将军没有掌握"天下的万机"的理由。政权当然要归还,庆喜还要辞职成为一位大名。
⑤ 缔结新条约,进行平等贸易。
⑥ 制定新的制度和法律。
⑦ 官僚应排除私人意见,基于公平,以人心一和为主。

议事堂即安置政府和政府机关的场所。议事院并不是像现在的国会一样的议会,而是指构成政府的成员会议。④是创设新政府的前提,关于庆喜的大政奉还的条款,但不仅仅涉及政权归还,还提到了废除将军一职,因此很重要。从⑤到⑦,是在叙述新政府需要处理的课题。

盟约书的最后，是以下语句：议定盟约是当前的急务、天下的大事。在定下盟约后，就必须不计成败、"一心协力"，必须将之实现。

③中提到，议员（政府官员）要从"正义纯粹"的人中挑选。对现在的日本来说，是好像做梦一般的合格条件。难以想象后藤和小松等土佐、萨摩的代表会说出这种话来。这实在像是龙马会说的话，他和盟约当有很深的关联。

通过政变建立新政府

盟约的字面上虽然没有写，其实朝廷和幕府的政治组织，将会变成天皇和公家、以及德川家的私人性政治组织，不再与日本的国家行政相关。至今为止，大久保一翁、松平春岳、胜海舟等人都有关于诸侯会议和公议会之类的政体、政权构想的发言，但盟约书大大超越了这些构想，达到了幕末政府构想的顶点。

这个构想接纳了容堂以大政奉还和创设新政府为急务的意见，可能是以对政治体制和官制有很深造诣的福冈孝弟为中心完成的。或者有可能是容堂下的命令。福冈对外国的政体和制度也很了解，起草了明治初年的官制、政体书。与其说他是个政治家，不如说是个有能力的技术官僚。

土佐选择了萨摩作为盟约伙伴，也是自然而然的。四侯的危机感决定了大政奉还和新政府的创设，因此，选择了既不畏

第 5 章　新政府的创设（1866—1867）

惧朝廷也不害怕幕府（庆喜）的萨摩藩作为伙伴，也是理所当然的。容堂了解这一点，或者也可以认为其中有容堂的指示。如果容堂说不，土佐是不会这么做的。

西乡让村田新八拿着写有盟约经过的信件和盟约书的抄本，送到长州。他在七月十五日到达山口。长州派遣了直目付柏村数马，于八月十四日在京都的小松带刀府邸（近卫家提供的出租房），和小松、西乡、大久保进行会谈。柏村的提问，主要由西乡回答。

长州（柏村）所关心的问题中心，是新政府将以什么方法创设这一点。和萨摩、土佐一样，长州也判断庆喜不会对大政奉还和创设新政府提供协助，必须以武力为背景进行。但是在什么情况下，以什么方式使用武力呢？关于长州是否也能抱着至少要出兵的觉悟提供协助，这一点必须要予以确认。

西乡这样回答：新政府是通过政变创设的。即，与文久三年八月十八日的政变步骤一致。这种情况下，虽然动员了兵力，却不会发展为武力冲突。然而这一次要考虑到可能会形成武力敌对的可能性。但是，在这个情况下，也只有京都守护职松平容保和他手下的会津藩兵，要应对不会很难。政变如果不能一举成功，就有失败的危险，因此对于正义的公家之外的人，直到政变当天为止都要保密。

新政府诞生这个方案，恐怕有一部分模仿了文久三年的政变。在敕命中，命令庆喜归还政权并辞去将军一职。如果得不到回应，就取消庶政委任（元治元年的将一切委任于幕府的敕命），罢免庆喜的将军职位。或者，也有可能用敕命废止将军一职。紧接着，是发布敕命创设新政府。

重点在于，从归还政权到创设新政府这一系列动作，考虑到需要一气呵成，为此需要武力。实际上，王政复古政变，从大政奉还到政变花费了约 2 个月，这时候的他们完全想不到。

但是，有必要考虑到如何应对在计划出错、政变后被幕府方面反将一军的情况。急袭黑谷的会津藩邸，烧毁堀川的屯兵所，也是设想中的内容。万一禁里御所周边发生了火灾，就把天皇移到石清水八幡宫。另外，发展到这种情况的话，要应对幕府势力从大阪进攻，需控制住大阪，还要破坏幕府的军舰。

无法讨幕

西乡向柏村说明，他们已经考虑过最差的情况，是在周全的准备基础上决定实行政变的。另外还告诉柏村，虽然越前藩是德川的亲藩，但他们已经和春岳约定，绝不会为了幕府出兵。伊达宗城也约定会提供协助。然后，西乡如此说道：萨摩不是在"讨幕"。

柏村回答，纵然世人们还有种种疑惑，经过西乡详细的说明，他完全理解了，四藩（萨摩、土佐、越前、宇和岛）"合体"团结尽力，并不是在"讨幕"。为了日本这个国家，长州藩也保证会提供协助。

翻阅将幕末史作为"萨长讨幕派"运动讨论的书籍，我并没有找到史料能证明萨摩藩和长州藩的主要人物是以讨幕为目标。如果这时候长州藩将讨幕作为目标，柏村肯定会对西乡的发言感到不满。

并不是说讨幕这个词不存在，或许在酒宴正酣时也会脱口而出的吧。但就萨长二藩而言，是不可能讨幕的。正如幕府的长州征讨被批判为幕府和长州的私战，萨长讨伐幕府的话，也会被视为萨长与幕府的私战，显然春岳、容堂、宗城都会拒绝提供协助的。

而且按照当时的规则，要动用武力讨伐，必须说明因何故征讨，清清楚楚地揭示对方的罪行。但如果公布幕府的罪行，就要把幕府和在没有天皇许可的情况下签订通商条约以至于造成经济混乱、强行发动幕长战争招致社会混乱联系起来，可能会阻碍日本所期待的举国一致体制。

谁都知道，这两大罪状，都是得到了天皇敕许的。虽然是在庆喜的铁腕下得到的结果，但不能说朝议成员和天皇完全没有责任。幕府有罪的话，朝廷和天皇也有罪。这不但无法将讨幕正当化，甚至都不能期待获得赞同。萨摩和长州都明白这一点。

七月初，后藤象二郎称要带藩兵回藩，九月他又进京了。一部分因为伊卡洛斯号事件，容堂和英国公使帕克斯旗鼓相当，容堂强烈反对以兵力为"后盾"进行大政奉还和将军辞职的交涉。另一方面，也有倡导"讨幕论"者，藩内舆论无法协调统一。

九月七日，后藤、西乡、小松、大久保在京都举行会谈。

后藤强调了，大政奉还的建议是土佐的方针。但是带过去的建议书中，完全去掉了盟约书第四条与将军辞职相关的内容。这也是出自容堂的意思。

但是，萨摩藩认为将军身份是个问题。正因为是将军，庆喜才变得那么蛮横，有发展成他的专制政府的危险。建议内容没有考虑到庆喜会做出的行动。土佐藩的方向和萨摩藩的方针，发生了错位。西乡向后藤提出要解除盟约。

后藤期望与萨摩联名提交建议书。但是西乡不认为建议书对事态会有什么推动，萨摩希望举兵发动政变。土佐和萨摩这时并没有争吵着分道扬镳。因为创设新政府这个大目标是相同的，双方只是以不受约定束缚的方式，试着用各自的方法前进。

萨长芸三藩出兵协定

萨摩为政变作了准备。大久保利通前往山口，九月十八日，在山口政事堂（藩厅）对长州藩主父子、木户孝允等藩内首脑们，如此说道：

> ……眼看着皇国日本倒下却什么都不做，这令人无法忍耐。"出自赤心，无可奈何"，决定发动政变。为了应对政变后的混乱，希望能派遣藩兵……（《大久保利通日记》）

大久保一向只用事实关系以理服人，即使作假设也总是在现实范围之内进行考虑，像这样吐露心声，是很少见的。在这一点上，他和西乡完全不同。因为西乡隆盛的话题是正在进行中的事件，他常常会突然极端地跳到假设中最差的情况。

例如在和柏村的会谈中，西乡提到了突然袭击会津藩邸的设想，在一般情况下这是不现实的。与被长州藩兵镇压的禁门之变时相比，会津军的装备并无变化。西乡的真正意思是，在先发制人的情况下，对装备了新式的洋枪、积累了丰富的模拟实战经验的萨摩军来说，会津军不足为惧。如果不知道西乡的信件和他谈话中的跳跃性思维方式，可能会做出骇人的解释，这一点需要注意。

木户向大久保提出了两三个问题，在柏村和西乡的问答确认后，次日（十九日），互换了"条约书"，长州藩决定出兵协助。这一天，大久保从山口出发，在前往三田尻的途中，与艺州藩勘定奉行植田乙次郎会面。

植田受藩主之命，为了参加萨摩和长州的会谈，从广岛来到此地。当然，这应该是在知道萨长会谈的内容并非讨伐幕府，而是关于创设新政府的政变方式这一事实的基础上。邀请艺州参与政变计划的是萨摩。

艺州从文久三年八月的政变之前，就和萨摩有包括交易在内的深入接触。在关于长州征讨问题和幕长战争休战的建言等方面，艺州也一直和萨摩有相同方针。六月八日，艺州藩的执政让维岳向小松带刀提出了劝告庆喜进行大政奉还并辞去将军职务的方针。这一点不仅仅停留在大政奉还，还明确主张将军辞职，比萨土盟约要更进一步。因此六月二十八日，土佐藩的佐佐木高行和寺村左膳就盟约问题向辻维岳作报告也是自然而然的了。

九月十日，小松与辻进行了会谈话。辻认为，首先应提交建议书，强硬地逼迫庆喜进行大政奉还并辞去将军职位，如果他不接受，就诉诸武力。这是艺州藩的意见。如此看来，小松毫无隐瞒地对辻说出了政变计划。

据说辻同意了，并回应说，那就集合力量同心协力去做吧，并向广岛的藩政府报告了这一情况。虽然不清楚艺州的政府构想，反正直到庆喜离开将军职位为止，萨摩和艺州的方针都是一致的。植田乙次郎是在萨艺两藩之间如此谈话的基础上，被派到山口的。

十九日，大久保向植田详细地说明了小松和辻十日的谈话内容，以及，十八日与长州首脑们会谈的内容，两人一直谈到深夜。植田于二十日抵达山口，与长州藩缔结了出兵相关的协定，即萨长艺出兵协定。

简要介绍一下协定的内容。萨摩藩约850人、长州藩约480人、艺州藩约500人的士兵，九月末乘坐军舰在大阪湾集结。确认三个藩的士兵在大阪到港后，第二天夜里实行政变。在京的士兵，萨摩藩有约1500人，艺州藩有约500人。京都的政变结束后，集结三藩兵力进攻大阪。

这个行动计划，只是预想中行动的一部分，而且仅在发生最坏的情况时才会实施。幸运的是，庆喜自己提出了大政奉还的想法，这个计划没有实施。虽然认为这是个有勇无谋的计划，萨摩、长州、艺州三雄藩的首脑们仍然判断它是会成功的。

不过还是太低估会津藩了。此时，会津藩的兵力约为3000人。与此相对，萨艺联军约为2000人。这个计划如果被泄露给了会津藩，奋起的会津藩可能会发起超出预计的反击，给萨艺军队造成严重的损失。

3　大政奉还

大政奉还和大舞台

话题回到约一个月之前，八月二十日的长崎。木户孝允为了收集情报到长崎出差，他的蒸汽船发生了故障，送去修理时发现还差1000两费用。幸好龙马在。在谈话后，同行的佐佐木高行向岩崎弥太郎（相当于土佐驻长崎贸易办事处的主任）借来了钱。龙马和佐佐木是因为伊卡洛斯号事件在出差。

二十日，木户、龙马、佐佐木三人举办了答谢宴会。第二天，木户在递交龙马的谢函中提到"大醉不敬"，可以推断宴会上的气氛应该是很热烈的吧。宴会的话题是大政奉还。

由于和萨摩约好的派遣藩兵一事无法实现，龙马和佐佐木感到有些自卑。由于摆出一副武力讨幕论样子的板垣退助计划从高知进京，似乎没有把建议书交给他的必要。

无论如何，土佐藩从建议开始，在将军辞职和创设新政府上倾尽全力。在这样的二人对话中，一些词句显示出，木户对此抱有极大的期待。

回到下关的木户在九月四日，给龙马写了这封信。这封著名的信件把从大政奉还到新政府的创设的过程比作了戏剧（已改写为现代文，所引用的木户的原文词句用""表示）。

京都大阪地区的"戏剧"差不多要开始了吧。这次的"狂言"非成功不可。当前起作用的是"头取株"之人，说都不必说了吧。但无论如何，想办法把能胜任"舞台"的人吸收为伙伴，是很重要的。我认为"乾（板垣退助）头取"的角色是最重要的。为了使戏剧成功，当前的急务应该是让乾头取和"西吉（西乡吉之助·隆盛）座元"多多交锋，决出高下。这出狂言如果出错了，会被全天下取笑吧，不仅如此，最后还会造成"大舞台"崩溃的结果。一旦被搁置，这出戏就相当于失败了吧。希望能尽快向乾传达这一点。

这是一出以京都为剧场进行的戏剧。如果用现代日本来比喻，就是在永田町剧场上演的政治连续剧。戏剧能否成功，取决于开场的狂言（大政奉还），因此无论如何都要使之成功。不仅仅拥有领导者资格的人，其他协助的人也去招揽尽可能多的伙伴，怎么样？

乾头目负责狂言的演出和指挥，他的角色极其重要，因此他和座元（综合制片人）西乡进行周密严谨的谈话是很重要的。

如果发生了理解错位使狂言无法顺利进行的情况，就在转向大舞台（终场，即通过王政复古的政变创设新政府、新国家）之前，将戏剧结束。大致就是这个意思。

这是一出关系到日本的未来的大戏。一旦开始了就不能失败。仅仅提交建议书是不行的，如果庆喜不归还政权就没有意义了。为此，对简单地取消了和萨摩藩的约定的后藤象二郎来说，他被大材小用了，十分危险。这是土佐最右翼的强硬论者乾退助的任务。或者，这是敢于单身深入敌军阵地进行交涉的大胆的西乡的出场机会。木户向龙马表示，他对在这样的体制下交手充满期待。

这是木户在了解了西乡的政变构想（柏村于八月二十四日回到了山口）的基础上做出的发言。按照土佐的方法，先试着提交建议书吧。在此之后萨摩会做出决定。由于这是西乡的方法，可知西乡也没有反对建议。

大政奉还的上表

十月三日，土佐藩的建议书提交给了老中板仓胜静。后藤与庆喜身边的若年寄永井尚志接触，打探了建议的问题。永井在和老中板仓胜静谈话后，联系了后藤，告诉他板仓打算提交建议书。这表示，庆喜有回应建议的意思。艺州藩在六日提交了建议。

山内容堂在建议书中（作为附页，添加了萨土盟约的内容,其中关于将军职位问题的条款被删除了)称,朝廷、幕府、公卿、诸侯意见不一的现状,是我国的"大患",同时又是他(列强)的"大幸"。为了改变这一切,必须"将国体一变"为"王政复古"。

王政复古的政治体制,即是由天皇承认的新政府处理政治事务。虽然年幼的天皇与政治之间的关联实际上并不清楚,但确实天皇亲政的目标被确定了下来(1868,庆应四年七月十七日天皇亲政被昭告天下)。他们希望能依靠这个政治体制、新政府,尽早实现举国一致的体制,开始培养国力,以求能达到与他(列强)缔结平等条约的程度。

根据庆喜的回忆录(《昔梦会笔记》),他自己也认识到,必须用新政府让政治焕然一新,所以能够理解土佐(萨土盟约)的上下两院政府构想。在朝廷、公家没有力量,幕府无力统帅诸大名的现实基础上,显然,在上下两院中依据公议、公论运作的政治形式是比较现实的。

十二日,庆喜在二条城中通知以大小目付为首的诸官僚,他将把权利还给朝廷。虽然幕臣不满的表情十分明显,但没人提出反对。第二天(十三日),在京的诸藩(40藩)重要人物被召集到二条城的二之间。老中板仓胜静出示了大政奉还上表案并征求了意见,没有人发言。

当老中板仓说,想直接向庆喜表达意见的人请提出来时,小松带刀(萨摩)、辻维岳(艺州)、后藤象二郎和福冈孝弟(土佐)、都筑庄藏(宇和岛)举起了手。萨艺土三藩还提出,想要三藩一起进行面谈。于是,在大厅一之间里,他们与庆喜会面了。

在三藩协议的基础上，由小松作了发言。即使幕府归还了政权，朝廷也没有执行能力。必须召集诸侯考虑对策。期间，外国事务和国家的重要事务在朝议上商量，其他的一切，可以和至今为止一样，委任于将军。庆喜如此回答。

大家想都没想过，庆喜居然被建议推动了。如果是真的，那也一定只是名义上的归还。即使召集了诸侯，附上了期限，将外交和重要国事归入朝议的权限，限制了庆喜的决定权，但其实由于庆喜可以左右朝议，实际情况和以前相比并没有多大变化。

这一天，幕府方面没有作涉及将军职的发言。庆喜自己认为，辞去将军一职、废除幕府也是选项之一。永井和板仓虽然表示了理解，但因为庆喜周边反对论者占到了压倒性的多数，此举可能只是意在避免引发争议。

由于小松等四人要去另一个房间，他们向板仓提出，希望他马上进宫谒见天皇，提交上表。他们对庆喜擅长的快速改变态度早就有所警惕，担心庆喜改变心意。但最后，还是在十四日才上表提出大政奉还，十五日庆喜才进宫谒见了天皇。

十四日，小松、后藤、福冈、辻四人，与摄政二条齐敬会面，请求他快速通过庆喜的上表。但是二条说只凭自己无法做决定，一副想逃避责任的样子。小松义正辞严，激切地论述道：回应慢的话会造成天下大乱，我们是下了"决心"的，希望二条裁定通过。

小松的威胁奏效了，午后开始的朝议上，朝廷决定接受上表，通知庆喜十五日进宫谒见天皇。庆喜于当日正午进宫，翌日（十六日）午前2时在上表经过天皇敕许后退出。哪怕事态发展到这里，朝廷都无法自主应对。朝廷本身虽然还没有自觉，其实已经到了病入膏肓的地步了。

"讨伐将军"也被列入考虑

十五日，朝廷命令十万石以上的大名进京，与此同时特别命令是德川庆胜（尾张）、松平春岳（越前）、岛津久光（萨摩）、伊达宗城（宇和岛）、山内容堂（土佐）、浅野长训（艺州）、锅岛闲叟（佐贺）、池田茂政（冈山）8人以最快的速度进京。

由于政权被归还后，朝廷担负不起运作管理的责任，所以想要与诸侯一起讨论决定今后的应对方法。但没有一位诸侯进京。有可能一部分原因在于他们抱着不想被卷入混乱的心态，另一部分原因则在于他们不想与朝廷扯上关系，抱着冷眼旁观、弃之不顾的想法吧。

二十二日，朝廷不得不下达命令，委任德川庆喜如以往一般处理庶政，直到诸侯进京为止。二十四日，庆喜提交了将军职位的辞职书。我认为，在庆喜与小松、后藤、辻的面谈中，他们虽然没有明确提出将军职位的问题，但德川庆喜觉察到了这一点，并且朝着创设新政府的方向，主动踏出了这一步。二十六日，朝廷命令庆喜将辞职问题也搁置到诸侯进京之后，没有接受他的辞职书。虽然朝廷完全无法得知，诸侯们到底什么时候才会进京。

大政奉还和废除将军职位（辞职，即意味着实际上的废除），显然是日本国家的一个转折点。但事实上什么都没有改变。甚至可以说，是在向坏的一方面发展。由于行政、军事、外交上实际意义上的负责人都不存在了，一旦与列强发生了严重的纠纷，该如何应对呢？

首先行动起来的，果然还是萨摩。十月八日上午，辻维岳、植田乙次郎、寺尾生十郎（以上几名皆属于艺州藩）、广泽真臣、品川弥二郎（以上属于长州藩）与小松、西乡、大久保进行了会谈。会谈场所大概是在御所附近的石药师通上，大久保租住的房子里。估计广泽和品川从几天前就已经住在这里了，别栋变成了长州客人的旅馆。这里准备了有萨摩纹章的羽织，以及在圆圈中写有十字的草帽，供客人使用，让他们在外出之际装扮成萨摩武士。

在这个会议上，确认将以关于萨长艺三藩出兵协定的行动为基本战略，用政变的方式创设新政府。大久保、广泽、植田三人，前往中御门经之的府邸，向等待在府邸中的中山忠能和中御门报告了会议结果。两人皆回答说，真正地"安心"了。另外中山再次提出了，在政变决行之际，至少三藩的藩主之一要进京这个期望。中山的真实语意是，希望萨摩藩的藩主茂久或者久光进京。

应该是在此之后，小松、西乡、大久保联名向中山、中御门、正亲町三条实爱提交了请愿书。在创设新政府之际，他们抱有在特定情况下可能有必要使用武力讨伐德川庆喜将军的觉悟，因此他们请求朝廷发布"宣旨"，承认他们行动的正义性，尽力予以协助。

"宣旨"是传达敕命、敕语的各种形式中，发布手续最简单的公文书。与此形成两极对比的，是发布手续复杂、并且以天皇为第一人称口吻叙述的诏，因此诏的作用最为重要。实际上他们就是在要求朝廷：即使是和内敕、内命同样的内容也行，请不要用信件，而是用朝廷官方书面文件的形式承认他们行动的正义性。八月是王政复古政变的起点。

讨伐将军的伪敕

十一日，小松、西乡、大久保谈话后，决定三人一起回国。元治国是会议以来，形成了三人之中必有一人留在京都的制度，但是他们判断，想让藩主茂久率兵出马，必须要三个人一起才能说服他。

之前的十月七日，基于萨长艺三藩出兵协定，岛津久寿率领一大队士兵从鹿儿岛出发。但是出现了强烈的反对声音，认为这就是在出兵讨幕。就这个问题，茂久和久光联名向藩内说明了他们的想法，称讨幕等说法是不合情理的，出兵只是为了护卫朝廷而已。

要让藩主茂久率兵出马，需要有说服力强的理由。虽然只是个推测，我认为，在三人的请求下，使亲町三条实爱议奏希望宣旨（公文书）召茂久进京。无需赘言，与讨幕无关比较好。

鉴于八日以后的新情况，这个宣旨是必要的。

十四日，大久保在日记中提到，他从正亲町三条那里得到了"秘物"。秘物以"诏"开始，是一件以天皇为第一人称的汉文命令形语法所写的诏书。其内容的重点是，庆喜负有"矫"造先帝诏书的罪过，下令将"逆贼庆喜""殄戮"。虽然并没有使用讨伐这个词，罪状内容也很抽象而缺乏说服力，但从内容上判断确实是一封讨伐将军的诏书。

然而其实，这篇文章出自岩仓具视重用的国学者玉松操之手，而不是依据天皇发言所作。而且，这封诏书与以二条摄政为首的朝廷的上层，以及负责书写文书的吏人们，都完全无关。

大久保拿到的秘物上，将中山忠能、正亲町三条实爱、中御门经之作为发布者列出。其中，执笔者在文章和署名里，都是正亲町三条。同样的文章也交给了长州的广泽真臣，但这个版本的全文执笔者为中御门。

这封讨伐将军的诏书，是在岩仓具视的命令下，由从没写过汉文公文书的国学者玉松操起草的伪敕。正亲町三条是在了解一切的情况下把诏书交给大久保的。那么，他抱有什么意图呢？

首先，大久保被授予了秘物，这证明他请求召茂久进京。大久保想要向茂久传达这一点：当需要进京讨幕或者讨伐将军的天皇旨意时，可以发布与这件秘物内容相似的文书。也就是说，这份伪造敕命只是用于展示的样本。

我关注的是，秘物上记有中山、正亲町三条、中御门的名字这一点，以及，正亲町三条要求大久保提交请愿书一事。秘物经广泽真臣、福田侠平、品川弥三郎（以上皆来自长州）和小松、西乡、大久保署名，在中山、正亲町三条、中御门、岩仓具视四个人联名担保后发出。

这意味着公家和武家分别留下了字据。萨摩藩在庆喜和公家改变主意一事上被灌下了不少苦水，至少在鹿儿岛的藩内高层们，对公家抱有不安心理。公家的决议声明，也推动了茂久进京一事。

十五日，朝廷命令封地10万石以上的大名进京。这显示出，仅凭朝廷无法处理政权返还事宜。对萨摩藩来说幸运的是，这样藩主茂久率兵进京就变成回应朝廷的请求了。他可以应敕命入京，堂堂正正地不用忌惮任何人。

十七日，小松、西乡、大久保持秘物离开了京都。十九日，乘坐艺州的军舰离开大阪港。二十二日，小松和西乡在山口与藩主父子会面。他们于二十六日到达鹿儿岛。

二十七日，他们与重臣们一起举行了众议。第二天，向茂久和久光报告了众议结果。二十九日，茂久出马上京之事被定了下来。

岛津茂久率兵上京

关于秘物（诏案、样本）在萨长两藩后来是被怎么处理的，两藩都没有留下任何记录。萨摩藩这边，三人抵达鹿儿岛当天，在登城向茂久和久光作报告之际所说的,与翌日的重臣会议上披露的内容并无差别,但之后的情况就不清楚了。两藩都将之理解为不可被公开的东西,这应该是没错的了。

秘物被命名为"讨幕的敕书",自明治20年代开始为人所知。然后,在1917年(大正六年)刊行的《德川庆喜公传》中,作为"讨幕的密敕"登载了全文。幕末史的终章,被作为萨长两藩的讨幕运动谈论,大致就是从这个时期开始的。

关于前文提及的茂久进京一事,十一月七日,茂久向藩士们统一通报,将为了"御变革"进京。有消息说庆喜已经辞去将军一职,但发动政变的方针并没有变化。

十一月十三日,茂久率领城下兵一大队(约1000人)从鹿儿岛港口出发。同行的有家老岛津伊势、同岩下方平、西乡隆盛。小松带刀由于脚痛出发较晚,大久保利通代替他去了土佐藩。

十八日,在三田尻,茂久和长州藩世子广封会面。西乡与楫取素彦、山田显义等人,就萨长艺三藩的出兵和进退行动进行了讨论。讨论结果是决定在月末发动政变。但当然,还是要根据京都的政局行动。

二十三日,茂久进京。京都政局的变动之大出乎意料。十月二十二日,朝廷下令,将庶政像至今为止那样,委任给了已经归还大政的庆喜。这一次还是和1864年(元治元年)委任庶政的敕命一样,是"将一切尽数委任"。二十四日,庆喜提出辞去将军职位,但朝廷没有接受。朝廷想等到诸侯进京协商应对方式,可诸侯没有进京。

萨摩藩认为庆喜不会返还政权，也不会主动辞去将军职位，因此计划用政变排除庆喜，创设新政府。但是预计出错了。觉得庆喜英明果断的声音也高涨起来。不用说讨幕了，连对三藩出兵攻击大阪城也净是批判性的看法。因此，有必要对政变计划做出根本性的调整。

更何况，土佐藩抱着不发动政变、合法和平地创设新政府的想法，已经开始了行动。

4 王政复古的政变

土佐的构想

十月十三日,在二条城举行了就大政奉还问题咨询诸藩重臣的会议。龙马曾对出席会议的后藤象二郎说,如果不能保证政权归还,不还也没关系(请切腹),在这样的情况下,龙马他自己和海援队甚至可以袭击庆喜,态度非常强硬。但是归还了大政的庆喜被人们认为是英明果断的,龙马对他的评价也很高。龙马是一个不抱不先入为主的概念、能虚心地进行评价的人。

朝廷无法应对大政奉还和将军辞职之事,只能等待诸侯进京。如果不尽快建立新政府,日本就危险了。龙马代替后藤去了福井(二十八日抵达福井),请求春岳尽快进京。排除了那些劝告他不要火中取栗的反对之声,春岳于十一月八日抵达京都的藩邸。藩邸的道路建在二条城正门东向的地方。

第二天（九日），土佐的福冈孝弟来到藩邸，对春岳阐述了新政府的构想。越前藩的《再梦纪事·丁卯日记》对谈话内容有所记载，但其中包含了龙马的"新政府纲领案（新政府纲领八义）"，先把龙马的构想——一个把新政府的基本方针、政策用八条纲领案的方式列记下来，阐述了确定纲领的顺序、方法问题的东西——列出来看一看吧（在《坂本龙马全集》中，题目是"新政府纲领八策"）。

　　第一条和第二条是关于人才录用的。第三条是条约改正。第四条是新法律和制度的制定。第五条是关于上下议政所。第六条是陆海军的设置。第七条是亲兵（政府直属的军队）。第八条，进行货币改革，使之能与外国货币进行同种同量的交换。可以说，这是在萨土盟约中构想的延长线上的内容。

　　其次，是使这个方案被确定为新政府纲领的方法。首先，需要两三位"明眼人"通过讨论"议定"。之后，等有力诸侯（应该是指十月十五日，受朝廷之令进京的德川庆胜、松平春岳、岛津久光、伊达宗城、山内容堂、浅野长训、锅岛闲叟、池田茂久八位大名）进京后，在协商基础上决定。然后，"某某某作为盟主"，向天皇报告，获得承认后再向"天下万民"公布。如果有人反对，无论其是何身份，"断然征伐"。成为盟主的某某某是指谁呢？有各种各样的说法，但在龙马的设想中，应该是庆喜。

　　福冈如此说道：开设由上下两院构成的议事院。上院由二条摄政和德川庆喜"主宰"，并加上其他有力的诸侯。下院由从诸位藩士和庶民中选拔出的议员组成。经过"有名诸侯（前文提及的八名诸侯加上庆喜）"的联合讨论，决定"国体（新政府的纲领）"。接着，向天皇报告，在天皇的面前确定"誓约"（在此基础上公布）。只通告一般诸侯，对反对者进行"追讨"。

虽然有不清楚的地方，若将两者归纳整理，可以发现都是以下面两点为中心的：首先，新政府的中心机关是上下议事院（议政院）；其次，新政府的基本方针（龙马的纲领案中的"国体"）经有力诸侯讨论决定，在得到天皇的承认后公布。重视诸侯的联合讨论，是因为希望合法、和平地启动新政府。这是对以萨摩藩的武力政变方式有意识的回应。

即使不用武力

福冈告知庆喜这些内容时，据说庆喜的回复是：非常合理。第二天（十日），春岳的亲信中根雪江和庆喜的亲信——此时担任着类似庆喜的发言人职务的若年寄永井尚志——会面了。

中根把福冈的话详细转达给了永井，想要确认庆喜的真正意思。据永井所说，庆喜没有在考虑"政权的复旧"等事，虽然他可能由于朝廷不习惯政治而觉得麻烦，但他的意向是很坚定的。然而幕府和亲藩、谱代的同伴们却因为不理解庆喜的真意而感到很为难，据传闻是这样的。

十一日早上，龙马去见了永井。大概是在听了中根的话之后，想自己确认一下。根据龙马的信件，他说他和永井意见完全一致。十四日夜,龙马再次去见永井,他强烈地感觉到自己被监视了。翌日,龙马在近江屋遇难。

根据永井后来和中根提到的内容,他认为龙马的话很有趣,比后藤象二郎等人更"高大"。说到新政府的创设是否会花费很多时间时,龙马回答,只要拜托土佐和萨摩就有可能实现。另外,萨摩有意通过发兵政变来创设新政府的计划,但如果这被认为是在以兵力为背景向朝廷施加压力、很失礼时,还有不发动兵力施行的方法。

值得注意的是,在两人的理解中,兵力不是针对幕府,而是针对朝廷的。确实,如果庆喜的脚步被会津阻止了,剩下的抵抗势力就只有朝廷里的反对派了。如果能提前说服他们,兵力就没有用处了。这就是龙马的方法。

二十五日,土佐的后藤象二郎、福冈孝弟、神山郡廉与春岳会面,后藤提出了建议。在京有力诸侯会谈决定了创设新政府之事。在此基础上,说服被高度评价为朝廷内的人才的正亲町三条实爱,将之作为公论,推动朝议。整理之后进京的诸侯的意见,向天皇报告,在天皇面前缔结誓约。接下来,讨论决定议事院等事。

基本上与九日福冈对春岳所说的内容相同,差别在于,由于不知道何时才能集结有力诸侯,想要只凭在京的有力诸侯,早点做下决定。即使如此,因为此时在京的有力诸侯只有春岳和德川庆胜二人,仍然需要催促其他诸侯尽快进京。

新提案中,有通过正亲町三条推动朝廷势力这一点。这应该是龙马提议的。也就是十四日龙马对永井说过的,不用兵就能实现目标的方法。

在另一个房间里，土佐和越前的重臣（中根雪江、酒井十之丞、青山小三郎）谈话后，达成了以下共识：越前号召尾张和熊本，土佐则负责艺州和萨摩。接着，由艺州推动鸟取和冈山两藩。他们试图以越前、尾张、熊本、土佐、艺州、萨摩、鸟取、冈山 8 个藩启动新政府。直到获得协助为止，交涉与意见调整的过程会很不容易。大家心里应该都会想：如果像超强粘结剂一样的龙马还活着的话就好了。

以上，就是土佐提出的合法、和平地创设新政府的方法。为了比九日的提议更早实现目的，把朝廷的动向也放进考虑，可以想出有更具体的方法。对于已经踏上政变路线的萨摩来说，也可能会觉得叫停很不可思议。就萨摩的判断，他们并不是不接受政变以外的方式，而是如果想尽快创设新政府，采用政变之外的方式会很困难。

土佐的提案前进了一步，即使如此，不知道何时能实现是它最大的问题。无论当时还是今日都一样，平和地通过谈话实现目标，是最受期待的方法。而这个方法需要大量时间，这一点也一样。幕末的日本情势非常紧迫，没有时间去等待这个时刻降临。

萨摩的政变路线

大久保利通于十一月十日从鹿儿岛出发，十二日傍晚，他在高知与后藤象二郎见面，向他报告了藩主茂久率兵出马之事。之前约好的小松带刀由于生病的缘故，十五日回京都去了。龙马在这天晚上遇害，第二天早上被发现。一向沉着无比的大久保认为，一定是新撰组所为。他居然想要复仇，显然是罕见地心慌意乱、失去理智了。

没去成高知的小松给后藤送去了一封信（信上日期为十二日）。主要内容是：按照约定正就"外国议事院"进行详细研究，但需要深入更细节的地方；等容堂大人进京了，希望后藤能尽力于使容堂与茂久亲近，以求实现对长州的宽大处理，以及，顺利地敕许庆喜辞去将军职位。

小松在研究的议事院，容易让人联想到英国和美国的国会（上院、下院），小松想要在进京之前，尽可能地详细调查政府的组织和机能问题。在这一点上，无论土佐还是萨摩都还在构想中，是个紧急课题。当时，关于外国的诸种制度，萨摩持有的信息质量最高且数量最多。顺便提一下，新诞生的王政复古政府的中心——议决机关的名字是，上议事所和下议事所。

这期间土佐和萨摩在盟约解除后仍然不断接触，通过维持密切的交流与协助关系，向最终目标前进。至今为止，大量史书将幕末的最终局面表述为萨长讨幕派和土佐、越前公议合体派的对抗关系，不得不说，这种理解与实际情况相去甚远。

二十七日，大久保被春岳叫到藩邸。土佐的后藤也来了。春岳就二十五日土佐、越前会谈征求他们的意见，叙述了在庆喜和二条谁主宰上院一事上的不同意见。特别是庆喜，他需要明确地展示自己"拨乱反正"的实际行动，仅仅辞去将军职位还不够，要干净地作个了结。

二十九日，大久保前往正亲町三条邸与他谈话。在此正亲町三条说，左大臣近卫忠房将被九条道孝取代，右大臣一条实良的继任者大炊御门家信即将就任，二条摄政也有辞职的意向，朝廷实施了这样的人事大改革，直到创设新政府之前都不必考虑朝廷这边了吧。

大久保持反对意见并试图说服他：仅凭人事变动无法改变朝廷的体制。不久兵库就要开港了，列强的军舰会来。一旦发生了什么，到时候该怎么办呢？或许他们会乘机挑衅。而以日本的现状，是无法应对这种侮辱性的行为的。

以朝廷为中心的政治体制进行根本性的改革，即创设新政府，是当前的急务。为此，萨摩、艺州和长州的士兵才进京了（萨摩藩方面，由藩主茂久率领藩兵约1000人于二十三日进京。艺州藩是由浅野茂勋率藩兵约300人于二十八日入京。长州藩兵480人于二十八日从西宫登陆）。这些是新政府的士兵，他们抱着要为"至理至当"的大变革"扫除、讨伐"反对者的觉悟。绝不能放过这个千载难逢的机会。

大久保平时是一个极其沉默寡言的人，但随着时机似乎也会改变。他热烈地辩论道，此时此刻，正有"紧急协助"的必要。即使是有胆小鬼之称的正亲町三条，也果断决定支持政变了。

政变开始运作

之后,大久保前往岩仓具视府邸并向他报告。当夜,他还与中山忠能、正亲町三条进行了三人谈话,提到希望得出公家方面的最终结论。晚上,在中山邸内,正亲町三条和岩仓,以及另外几名同志聚集到了一起。具体姓名不太清楚,大概是中御门经之、长谷信笃、大原重德、万里小路博房吧。说是目标一致的同志们,全员一共也就七人而已。而且能够出席朝议的,只有中山和正亲町三条、长谷三人。在这种情况下,想比原来更有力地在朝议上推动朝廷运作,是不可能的。这一次,是中山开始胆怯了。

第二天(十二月十一日),大久保前往中山的宅邸,花了不少时间总算说服他了。大久保要求中山下决心在秘物里写上名字,甚至还要签下承诺书(字据)。到了这个地步,只希望政变能尽快进行了。无论如何,大久保表明了内心的想法。

二日,西乡和大久保前往后藤处,商议发动政变之事。后藤主动同意,并决定在八日起事。虽然没有得到容堂的许可,为了以防万一在创设新政府之事上发生异常情况,在京的首脑们决定召 300 名藩兵进京。

情况向政变发展。因为庆喜支持创设新政府,只要控制住会津等藩的强硬论者们,就不会发展为武力冲突的混乱场面。二条等朝廷首脑们没有反对的力量。尾张等藩已经明确表示支持政变(十一月二十九日,德川庆胜手下的家臣,将一把腰刀交给了大久保,即表示把一切都托付于他)。艺州藩很积极。

春岳变成了头号的慎重论者。

西乡和大久保向岩仓具视报告了土佐的决定。岩仓也同意八日起事。岩仓于十一月八日被许可回到京都城内居住，这段时间住在距离大久保租住处（寺町路石药师东入口）需步行数分钟的岩仓实相院里坊。朝廷和公家的意见协调、政变之际发布的各种公告、清晰记载了政府组织的文件、起草王政复古的宣言等等，岩仓和萨摩藩的职责一日重于一日，有必要进行频繁会面。

四日和五日，萨摩方面（西乡、大久保、岩下方平、吉井友实）与后藤商议决定了政变的程序和新政府的结构。新政府是在废止了支撑朝廷的摄关制度和朝议组织的基础上，设置太政官（总裁、议定、参与的三职制）。政变之际，负责已经被动员的萨摩、土佐、越前、艺州、尾张五藩兵力的配置（长州的藩兵在京都以西的光明寺等待）。当然，这些也向岩仓作了报告。

春岳接到了后藤的报告。由于春岳是武家方面的中心人物，当然要向他报告，而且还需要拜托他通知庆喜和尾张藩，以免妨碍了政变。因为比起一个人本身，更要注意他周边可能会发生的事情。

第二天（六日），春岳派中根雪江通知二条城里的庆喜。中根以不失恭顺的姿态，转述了春岳的话。庆喜则以很自然的态度接受了，然后命令会津藩不要行动。这一天，后藤提出，由于容堂抵京的时间延迟了，希望将发动政变的时间推迟到九日。七日，由于中山通知说，从八日晚上开始有重要的朝议，时机不好,最终决定将政变时间定为九日。

发动政变

八日傍晚,岩仓把萨摩、艺州、越前、尾张五藩的重要人物召到宅邸中,告诉他们:明天,王政复古的新政府即将诞生。值此之际,作为混乱情况的应对之策,命令他们负责御所内重要场所的警备工作。萨摩(720人)担任公家门和台所门的警卫,由土佐(约70人)援助。艺州(约70人)负责朔平门和寻常御门。越前(80人)在整个御所的西半部分巡逻警戒,尾张(75人)负责东半部分。

九日,在持续到天亮的彻夜朝议中,朝廷恢复了长州藩主父子的官位,并决定赦免岩仓具视和三条实美等人。朝廷拖拖拉拉地,终于被硬扯到了处理决定这个问题的时刻。8点多的时候,公家们退出了禁里御所,只留下了出席者中的正亲町三条实爱、中山忠能、长谷信笃和武家的松平春岳、德川庆胜、浅野茂勋。

10点左右,岩仓拿着装有王政复古的大令文案(王政复古的大号令案)和政府组织及人事案的小箱子,进宫谒见天皇。对他来说,自1862年(文久二年)夏天以来,已经与禁里御所阔别五年了。稍晚一些,萨摩、土佐、艺州、越前、尾张五藩的士兵便来执行警备了。

岩仓和正亲町三条、中山、中御门经之一起,在常御殿的天皇面前，呈上了准备好的王政复古敕谕案，上奏坚决实行王政复古之事。他们退出常御殿转移到小御所时，五藩的重臣和志向相同的公家谒见了天皇。此时，通知二条摄政、朝彦亲王等朝廷首脑人物停止进宫谒见，宣布不会发生政变，什么混乱都不会发生。

午后4点多开始，进过宫的炽仁亲王、晃亲王、嘉彰亲王、山内容堂、岛津茂久在小御所举行了会议。这是个关于成立新政府的会议。在会议上，中山传达了天皇的意思："定下新政府的基础吧。"天皇承认了政变和创设新政府的行为。

但是春岳记载，这个会议上发生了"激烈的争论"。在春岳数年来的构想中，政府由有力诸侯参与构成，他对只有五藩的政府抱有不满。另外，他对以萨摩为主导的政变也感到不自在。但已经到了这个地步，不能再推迟了。虽然怀有异议，他还是顺从了出席者的意思，建立新政府。

接着，如下文所示，公布了新政府的人事情况：

总裁：有栖川宫炽仁亲王

议定：山阶宫晃亲王，仁寺宫嘉彰亲王，中山忠能，正亲町三条实爱，中御门经之，德川庆胜，松平春岳，山内容堂，岛津茂久，浅野茂勋

参与：岩仓具视，大原重德，长谷信笃，万里小路博房，桥本实梁

此次会议上只任命了这些人，以藩士身份参与的人事问

题，是在十二日和十四日处理的。这天晚上在小御所举行的新政府第一次会议（小御所会议）上，十二日才就任参与一职的藩士如大久保利通和后藤象二郎等也出席了。

小御所会议的讨论

随着议定中山忠能的发言，新政府第一次会议开始了，也拉开了风波的帷幕。

中山的发言，首先传达了天皇"希望以公平无私的精神建立王政的基础"的原话，接着谈到，德川庆喜虽然归还了政权，但因为庆喜长年施行恶政，想要求庆喜出示谢罪的证明。

就庆喜的谢罪问题，会上有各种各样的发言，山内容堂突然提高了声音。他评价庆喜在大政奉还上十分英明果断，认为应该让庆喜参加此次会议，以这种方式向中山提出了抗议。他觉得，政变这样阴险的做法就是挟迫年幼的天皇以令诸侯，盗取权力。

因为是王政复古，即使天皇年幼，他在关键场合所讲的话，也会对之后的发展有重要意义。中山作为天皇的外祖父（中山的女儿庆子是天皇的生母），他转述的天皇话语，真的是天皇说的吗？这种疑问，正显示了容堂直率的脾气。另外，他对什么都按照公家的节奏进行这一点，可能感到强烈的不舒服了。

正如大久保在日记里写的那样，容堂的发言"旁若无人",把中山痛骂了一顿。小御所是天皇和武家会面的地方,对公家来说是一个特别的地方。岩仓具视对容堂满不在乎的行为忍无可忍,斥责了他,说这不是重视礼仪的武人做得出来的事情。

本章扉页所用的小御所会议之图,估计很多人都见过,但这其实是1931年(昭和六年)完成的虚构作品。天皇并没有参加会议。画面中留胡子的岩仓指着容堂大声斥骂的场景,也是过度夸张的表现。

会议发展成主张应该让庆喜参加会议的春岳、容堂和持反对意见的岩仓、大久保的争论。会上,朝廷提出:承认庆喜的大政奉还和辞去将军职务之行为;在此基础上,作为庆喜反省自责的表示,将他的官位降一级,成为从二位前内大臣;德川家的一部分领地要上交政府。也就是所谓辞官纳地,这成了主要议题。

在讨论处置庆喜相关问题的会议上,要求庆喜出席,不得不说有点无理取闹。容堂和春岳确实希望让庆喜成为政府的成员,但有点过于性急了。岩仓和大久保也认为,如果是在一定界限内的话,允许庆喜加入政府。

这场争论,一开始就是岩仓和大久保占优势,虽然花了一些时间,还是说服了容堂和春岳。第二天,以春岳和德川庆胜为使者,向庆喜传达了会议结果。庆喜对所有条件作了承诺,包括主动辞官纳地等要求。

二条城中,会津藩和旗本等强硬派激昂地武装起来,他们手持武器,一副"穿着草鞋来来往往,现在就能马上出兵"的样子，气势十足（《德川庆喜公传》）。庆喜压制着他们，十二日率领全员转移到大阪城，避免了混乱。

但是强硬论者们逼迫庆喜发起反击。庆喜对于用自己的手拉开废绝幕府的大帷幕这件事十分纠结，与春岳和庆胜约好了的辞官纳地也没有行动。春岳和庆胜感到担心，二十六日前往大阪城试图说服他。在此，庆喜终于下了决心，约定进京并提交辞官纳地的申请。

与春岳同行的中根雪江，在元日（1868，庆应四年）向岩仓报告，庆喜在为进京做准备。岩仓回答，如果庆喜提出了谢罪，那么可以即日就议定让他就任。一切顺利，然而三日，鸟羽伏见开战了。庆喜的回忆中，他试图控制住强硬论者的势头，却没有成功（《昔梦会笔记》）。

王政复古的大号令

就连在教科书之类的地方，都说王政复古的大令（后来被命名为大号令）是在九日发布的，但这并非事实。因为，大令的第一部分中，关于大政奉还和将军辞职的内容是在持续到深夜的小御所会议上被确认下来的，因此不可能在当日发布大号令。正式发布的时间其实是十四日。

它是新政府的成立宣言，也同时明确了政府的基本形式和目标方向，让我们来分析一下其中的要点。首先，在此引用原文全文①，并附加改写为现代文的译文。

　　关于德川庆喜委托的大政奉还和辞去将军职位这两件事，现在天皇已明确了解了。毕竟嘉永六年的佩里来航，是前所未有的国难，孝明天皇每年都在为此担忧，这一点众所周知。由于发生了这样的事情，天皇决定通过王政复古挽回国威。为了构建其基础，从现在开始废除朝廷的摄关制度和幕府等等，取而代之的是，置总裁、议定、参与三个政府职位，处理政务万机。诸事学习神武天皇创设日本国起点时的精神。天皇希望，身份和官位高的贵人、武家、公家、庶民之间没有区别，尽力实现言论公平，与国民悲喜与共。因此，各人需自勉励，洗去至今为止骄奢懒惰的污习，以忠义回报国家，持此忠心奉公为国。

　　新政府是朝廷政治的母体，是在废绝了摄关政治和幕府——亦即公家和武家相关的政治组织、体制——的基础上建立的。并非回归神武天皇的古代，而是像神武天皇创建国家那

---

① 原文为：德川内府、从前御委任大政返上、将军职辞退之两条、今般断然被闻食候、抑癸丑以来未曾有之国难、先帝频年被恼宸襟候次第、众庶之所知ニ候、依之被决叡虑、王政復古、国威挽回ノ御基被为立候間、自今摄関幕府等廃絶、即今先仮總裁議定参与之三職被置萬機可被為行、諸事神武創業之始ニ原キ、縉紳武弁堂上地下之無別、至当之公議竭シ、天下卜休戚ヲ同ク可被遊叡慮ニ付、各勉励、旧来驕惰之汚習ヲ洗ヒ、尽忠報国之誠ヲ以テ可致奉公候事。(《明治天皇纪》)

样,新政府以从原点出发不断向前的姿态为基础。无关身份,尽公议,为国家尽力。然后忍受屈辱重建日本,挽回国威,以复兴日本为目标。将以上决意内容通告国民。

幕末日本最大的课题——举国一致体制,终于开始运作了。虽然还存在相当多意见的差异和对立,但是因为有重建日本这个共同的目标,所以能将这一切包容在一起并跨越难关。为了日本的将来——这句话,即使是在宿敌一般的庆喜和大久保之间,都是坚定的共识。

第6章
明治国家的课题（1868—1890）

岩仓遣外使节团。左起依次为木户孝允,山口尚芳,岩仓具视,伊藤博文,大久保利通。
1872年(明治五年)一月,于旧金山。

1 以近代国家为目标

五条誓文

一部分是因为鸟羽伏见战争引发的混乱,向外国通告新政府成立之事比较晚。在1868年(庆应四年,明治元年)一月十五日,日本以国书形式向各国传达,从此由"日本国天皇"与外国进行交涉。

另外,新政府向国内公告,虽然对外国实行亲和方针,但因为条约有"弊害",必须予以"改革"。虽然不再使用"破约攘夷",也没有使用"修改条约"这些词汇,这确实是在宣告,新政府会继承幕末的课题,将之作为明治国家的最重要课题。

日本被视为半开化国家,被强迫签订歧视性的不平等条约,为了从这种屈辱中恢复,要举国一致尽快实现近代化,并尽早缔结平等的条约。

年代	事件
1868 明治 1	三月，就五条誓文进行誓约（十四日）。天皇出发巡幸大阪（二十一日）。 七月，定都东京。诏书宣言天皇将亲理万机。 九月，改元明治（八日）。
1869 明治 2	六月，版籍奉还。 十二月，东京与横滨之间的电报线路开通。
1870 明治 3	七月，盛冈藩提出废藩申请。
1871 明治 4	七月，废藩置县。 十一月，岩仓遣外使节从横滨港出发。
1872 明治 5	五月，品川和横滨之间的铁路临时开通。 十一月，开始采用太阳历。
1873 明治 6	一月，发布征兵令。 九月，岩仓大使归国。 十月，明治 6 年的政变。 十一月，创设内务省。
1874 明治 7	二月，佐贺之乱。 五月，出兵侵略台湾。
1875 明治 8	一月，英法公使通告，将在横滨屯驻军队。 四月，发布逐渐确立立宪政体之诏书。
1876 明治 9	十月，熊本神风连之乱，山口萩之乱。 十二月，伊势暴动。
1877 明治 10	二月，西乡隆盛从鹿儿岛出发，西南战争开始。 八月，内务省主办的第 1 回国内劝业博览会举行。
1878 明治 11	五月，大久保利通遇难。 七月，制定地方三新法。
1879 明治 12	四月，设立冲绳县。
1880 明治 13	三月，国会期成同盟成立。
1881 明治 14	八月，《邮便报知新闻》揭露了处理售卖开拓使官有物品的问题。 十月，发布了计划于明治 23 年开设国会的敕谕。
1882 明治 15	一月，条约修正预议会在东京举办。 三月，伊藤博文受命调查宪法，前往德国。 八月，伊藤博文对维也纳大学施坦因教授的讲解深有感触。
1883 明治 16	八月，伊藤博文带着他对近代内阁制度的构想回国。
1884 明治 17	十月，秩父事件。 十二月，在朝鲜发生甲申事变。
1885 明治 18	十二月，近代内阁制度成立，以伊藤博文为总理大臣。
1886 明治 19	五月，第一次条约修正正式会议在外务省举办。井上馨外务卿出示了日本的条约方案。
1887 明治 20	四月，在正式会议上讨论通过了英国的条约方案。政府内外批判的声音高涨。 七月，向各国通告，条约修正会议将无限延期。 八月，宪法"夏岛草案"完成。
1888 明治 21	六月，枢密院审议宪法草案。
1889 明治 22	二月，大日本帝国宪法发布。
1890 明治 23	十一月，召开第 1 回帝国议会（国会）。

那么，从哪里开始入手呢？

很遗憾，新政府是伴随着重大缺陷诞生的。岩仓具视认为，公家必须停止将武家视为"奴仆（身份低下的佣人）"。当时，许多公家都鄙视武家，无论是有参与职位的、还是无官无职的武家人，都被严格禁止进入御所的各个房间（只允许他们走到廊下）。

另外，担任议定的松平春岳，对于在会议中与身为家臣的中根雪江同席感到不快。武家方面也有一些问题，最终，藩士身份的参与们未能出席在御所内举行的政府会议。身份制社会的习惯和意识，妨碍了政府的一体感，危及了公议公论政治。不纠正这个缺陷，就很难作为一个新政府向前发展。

五条誓文，一方面是新政府成立的宣言，另一方面也是国家的施政方针。值得注意的是，议定正亲町三条实爱在以上两点上虽然没有异议，但是在日记里将之记录为公家和武家的盟约。以下的五条誓文原文引自《明治天皇纪》，括号内用现代文标注了新的解读内容。

一、广兴会议，万机决于公论；（广设会议场所，在天下政治问题上尊重舆论，在公平讨论的基础上作决定）

二、上下一心，盛行经纶；（无论身份高低，同心协力，为治理国家之事尽力）

三、官武一途，以至庶民，以各遂其志、人心不倦为要；（参与国家政治的人，从公家、武家到庶民，都要各持高远志向，协力推进国家建设，必须时时刻刻为了勿

五条誓文誓约书（宫内厅）

使国民离心而忧心）

四、破旧来之陋习，立基于天地之公道；（破除至今为止的恶劣习惯，基于全世界相通的公正道理行动）

五、求知识于世界，大振皇基。（向世界探寻、学习知识，为了平和地治理国家、实现近代化，需积极建构诸事业的基础，且必须规模宏大）

第一条在王政复古的大令中也有所强调，重新指出了公议、公论的原则。第二条和第三条，试图填平成为阻碍条件的鸿沟，以求在举国一致的体制下，顺利建设国家。然后在第四条中，要求破除陋习——也就是身份制社会的种种习俗，通过观念改革推动国家的政治发展。

这五条誓文当然不是为了公家和武家的观念改革而制定的。但重要的是，三月十四日，在御所的紫宸殿，公家、诸侯与天皇一起，向天神地祇（日本国土上原有的众神们）发誓，缔结了"盟约"。在仪式上诵读的祭文称，如果违反今日的誓约，马上就会受到"众神的惩罚"。

定下东都

誓约的效果非常大。反对顽固公家的天皇，在誓约仪式后宣布，将于三月二十一日出发，亲自行幸大阪。行幸活动的目的是，以天皇为先锋进行戊辰战争，表明要和平治理国家的决心。但是议定伊达宗城认为，让天皇亲眼看看英国的巨大军舰，启发天皇心智，才是真正的目的所在。如他所说，这是在以行动实践"向世界探求知识"。

另外，还有一个我想称之为革命的目的。四月九日，在行幸的目的地行在所（住宿处，本愿寺津村别院），大久保利通在天皇的面前，向他报告了京都的状况。无位无官的藩士与天皇直接面对面，这是从来没有发生过的大事件。可能是三条实美和岩仓具视的提议，但是对禁里御所来说，实在是令人难以置信的大改革。

闰四月二十一日，拖了又拖，置于二条城的政府（太政官，一月二十七日转移到二条城）终于回到了一扫陋习的禁里御所。同日，实施官制改革，废总裁一职，改设辅相，三条和岩仓就任后形成双首脑体制。

另外，天皇自身和生活空间也发生了大改革。至此为止，天皇一直处于"幼年"，所以始终没有走出后宫，但根据布告内容，从此以后，他每天要出御前往御学问所，学习处理国家政治事务，还要进行文武"研究"。这是天皇接受帝王教育的开端，也是他在政治世界的登场。岩仓负责推进包括天皇的私人空间在内的宫中改革。然而来自反对势力的抵抗也是相当强的。

在这里,介绍一下反对势力的代表——天皇的生母中山庆子,新发现了写给她父亲忠能的信件。首先是对岩仓的批判:岩仓大人,到底是靠什么样的功劳,居然能罕见地晋升到这种程度,令我十分震惊……公家最下层的家族出身的岩仓居然变成了政府的头号人物,他们对此感到强烈的不舒服。

接下来是关于天皇的:自从由后宫走到前台以来,他的举止变得越来越粗野。而且他还自称喜欢西洋,实在令人忧惧……大久保利通在迁都大阪的建议书中称,希望他能够像西洋近代国家的帝王们那样,成为一位坚强、主动的天皇。然而,天皇的一天中,大部分时间都在后宫度过,而环绕在他身边的大量女官,都希望他成为一位传统的、女性化的天皇。

在御所工作的人们的服装已经变得多种多样了,但他们觉得,至少身在宫中期间,一定要穿着以往的衣冠装束工作,如果不这么做的话,就会成为众人的笑柄。真是悲哀的想法啊……他们希望,能让他们在御所内保留原有的着衣传统(《岩仓具视相关史料》)。

即使可以用制度和规则来更新陋习,也很难触及到人们思想的改革。后宫的陋习,对重视天皇的教育的政府首脑们来说,是烦恼之源。只要天皇生活在御所里,将女官一扫而空就是很困难的。政府考虑着要将天皇和女官分离开来,最终结论是,把天皇移出御所。

七月十七日,发布了将江户定为东京(东部的京城,京即京城、首都的意思)诏书,也就是奠都东京之诏。从《明治天皇纪》里引用此文：

> 朕如今亲裁万机安抚百姓，江户乃东国第一重镇……朕需亲临此地管理政务，因此将江户改称为东京……

首先，天皇宣言自己将亲裁万机，安抚国民，让他们安心。江户是日本东部地区排名第一的要地，需要在这里处理政治事务。因此，从现在开始，将江户改称为东京。

自平安京以来，睽违1074年，新的首都诞生了。在新都东京对天皇进行帝王教育，可以让政治形势焕然一新吧——政府这一方面的考虑，当然也包含在政迁都构想中了。然后，九月二十日天皇为行幸东京出发（九月八日改元明治），按照还幸京都、再幸东京的顺序，1869年（明治二年）三月二十八日进入东京城（江户城改名），皇城和改革后的太政官也移过来了。这就是迁都东京。

然而，并没有发表关于迁都的命令或政府声明。实际上迁都一事是无可指摘的。没有效仿古代的例子，而是政府首脑们的一致意见，另外也考虑到了那些支撑起天皇、朝廷、公家社会的京都市民的感情。

定都东京的诏书虽然是以岩仓为中心完成的，但诏书是在议定和参与全员（除去外出的）发表意见的基础上成稿的，可谓公议公论口号的实际体现。而且，迁都东京并不意味着京都就不再是首都了，而是改称西京，成为与首都东京相对的副都。没有任何法律文献将京都作为废都处理。今天的日本也是如此，同时拥有东京与京都两个首都。

版籍奉还

　　1869年（明治二年）一月十四日，萨长土三藩的代表大久保利通、广泽真臣、板垣退助，在现在的京都丸山公园附近的一个料亭里进行了会谈。谈话中心是"将土地与人民还给天皇"。在此，三藩约定要在这个问题上互相协助。大久保对岩仓说，特别是板垣也会出一份力，请岩仓放心。

　　之后，还向肥前藩和佐贺藩传达了会议情况，得到了他们的协助。选择佐贺藩是因为，在戊辰战争中，佐贺藩被评价为奋勇作战，引起了关注，而且其前藩主锅岛闲叟对诸藩的影响力值得期待。一月二十日，岛津忠义（萨摩藩，原名茂久）、毛利庆亲（长州藩）、山内丰范（土佐藩）、锅岛直大（肥前藩）四位藩主联名，向政府提交了关于版籍奉还的上表。

　　在上表文中称，土地（版）和人民（籍）是天子（天皇）的所有物，没道理由藩主私有，因此他们想要将之归还给天皇。但是也有些藩主认为土地和人民就是他们的私有物，在他们的理解中，一般情况下土地和人民的管辖权，是由将军授予的朱印状予以保障的。

　　归还给天皇的是土地、人民以及其管辖权，但与管辖相关的各种权利却一件都没有归还。因此他们希望政府进行调整，整理好纳入飞地（散在他处、不相毗连的土地）等土地关系问题之后，重新下诏予以确认，而不是像这样再次提出申请。

重点是，需要在政治、军事、法制等方面全部以政府方针为基础，将藩政统一化。由此，才有可能与海外各国并肩而立。毫无疑问，这是在描述近代统一国家的构想。

关于近代统一国家，两年前（1867，庆应三年）的十一月，德川庆喜就创设新政府作过深刻的讨论，他认为，不废除封建制度、建立统一国家，就不可能实现强国，日本也必须以此为目标。而所谓近代统一国家——亦即废藩置县，已经来到触手可及的地方了。四位藩主上表版籍奉还后，其余诸位藩主也效仿他们纷纷提交了上表。估计大部分藩主已经预感到了，版籍奉还后随之而来的问题（废藩置县）。

六月十七日，许可版籍奉还的敕书，以及任命藩主为藩知事的任免命令，被递交给了各藩的重要人物。旧藩主被任命为明治政府下属的地方官，藩名也被重新改定（鹿儿岛、山口、高知、佐贺等）。知事一职不再世袭，一方面是因为他们是政府的官吏，另一方面也是为将来的废藩置县做准备。

七月八日革新了太政官的官制，左大臣三条实美、大纳言岩仓具视以及参议大久保利通（萨摩藩）、广泽真臣（长州藩）、前原一诚（长州藩）、副岛种臣（佐贺藩）就任。在这个首脑部门以下，置有以卿为长官的民部、大藏、兵部、刑部、宫内、外务六省。这构成了以参议候补者和上级官僚支撑少数政府首脑部门的体制。其目的是，让人才的招募变得容易，进而强化政府。

诸藩是如何接受版籍奉还的呢？在此介绍一下颇有趣味的彦根藩的例子。九月十四日开始，以往藩内的公告由"殿下大人"发布，从此以后变成了"藩知事大人"。然后十月六日，知事井伊直宪出了城，移居附近的榉御殿。理由是，城是政府的地方官厅，不能用作知事的私人住居。观念变革的进展速度快得超出预料。

准备废藩

政府在1870年（明治三年）九日十日公布了"藩制"，命令诸藩将收入的十分之一作为藩知事的家禄（生活费），另外十分之一作为军费，剩下的用于藩的诸种经费和藩士的家禄，每年向政府提交收支明细。政府通过对藩政的指导，实际上介入了藩政。诸藩未做抵抗，遵从了政府的指示。

正如广为人知的那样，从1869年（明治二年）十二月到1871年（明治四年）六月期间，盛冈藩等13个藩自发提出了废藩的请求。其理由是，藩的财政出了问题。另外，膳所藩、熊本藩分别于1870年（明治三年）四月和九月向政府提交了废城申请。膳所藩的理由是无力修缮此城；熊本藩则称，城楼在近代战争中起不到什么作用，而所谓保留传统名城的想法，更是拘限于残余的旧时代意识，在此之际，不如趁此机会废弃城楼，抛弃无用的东西，一洗旧习。观念变革进展极快。

在1870年（明治三年）年末到1871年（明治四年）三月

之间，鸟取、德岛、名古屋、米泽、高知、福井、熊本各藩都向政府提交了希望废藩的意见。1871年（明治四年）七月四日，熊本藩的少参事安场保和访问了大久保利通，并向他陈述了废藩的想法。大久保利通回答，这是正确的看法，但是在马上执行这一点上一定要慎重考虑。像这样在政府内外，废藩的潮流越来越强烈。

那么政府方面，是如何行动的呢？在木户的强烈要求下，七月五日开始举行了制度取调会议。看一看与会成员吧：三条实美（右大臣）、岩仓具视（大纳言）、嵯峨实爱（原名正亲町三条实爱，已改名。大纳言）、德大寺实则（大纳言）、木户孝允（参议）、西乡隆盛（参议）、大久保利通（大藏卿）、大隈重信（大藏大辅）、寺岛宗则（外务大辅）、佐佐木高行（前参议）、福羽美静（神祇少副）、山县有朋（兵部少辅）、井上馨（民部少辅）、后藤象二郎（工部大辅）、大木乔任（民部大辅）、江藤新平（制度局御用顾问）、吉井友实（宫内大丞），以上17名政府中心人物构成了此次会议的成员。

会议的议题是"会议""定律""国法""独裁"等。用比较好理解的词句来解释，"会议"即国会，"定律"即像现代六法那样的国家基本法，"国法"即宪法。而"独裁"，即天皇亲政的君主立宪制，也就是与君主权、天皇大权相关的内容。

就像宪法和议会那样，在这个会议上，花上几天时间讨论定下宪法、议会这样的国家根本，讨论其可行性并规划决定——木户孝允可能是这样考虑的。当然，不会涉及到细节部分，只是主要构架而已。目标是以废藩为前提，在此把国家的基本体制、原则确定下来。另一方面，也有为说服废藩的反对论者，准备强有力的武器的意思。

木户的主张是正确的，但是有点过于急切了。在关于国家的大问题上，连准备时间也没有，仅凭数日的讨论完成，令人无法想象。在连日的会议后，话题扩散开来无法谈妥，会议气氛冷却下来。最后到九日，缺席者越来越多，最后会议流产，以完全失败告终。

决定废藩

七月六日，长州的鸟尾小弥太（兵部省官僚）和野村靖告诉热心于宣传废藩论的山县有朋，他们通过井上馨向木户孝允陈述了废藩的意见。同一天，山县又将此事告知了西乡隆盛。大久保利通与西乡进行了谈话。

但是在这个时间点上，还不确定废藩到底会在什么时候发生。就木户本人来说，他想在这之前在对国家基本的议论一起将政府的一体化及其强化确定下来。翌日（七日），木户访问了长州藩知事毛利元德，就废藩进行说明。八日也通过会面，听取了元德的意见。根据木户在日记里写的"知事公的进步"来看，应该是获得了元德的同意。

然而九日，会议解散，而强化政府这一点，正是产生分裂的关键所在。这样发展下去，废藩之事就无法实现了。木户、井上、山县、西乡、大久保等萨长两藩的重要人物集中在一起讨论后得出的结论是，马上进行废藩。

长州方面，通过木户与知事元德之间就基本内容通过话，应该会予以理解的。但萨摩方面就成问题了，因为没有与久光就废藩问题进行过任何沟通。对于久光到底会如何行动，大家都有点担心，但是大家也都同意，现在正是伸出起死回生之手的时机。然后众人的讨论还触及了废藩置县的程序问题。十日和十一日，则是就废藩置县后的政治体制和政府人事等问题进行意见调整。

十二日，木户、西乡、大久保进行了会谈，讨论决定坚决实施废藩置县政策。大久保在日记中写道，与其无计可施地等着"瓦解"，还不如"英明果断地出击"改变状况。之后他们向三条实美和岩仓具视作了报告，请求他们上奏天皇获取敕许。

十四日，诸藩的知事被召集到皇城里，由天皇出面宣布了废藩置县。

就这样，幕末以来国家级课题的目标——一个国家里只有一名元首的近代统一国家，终于诞生了。果断实施废藩没有造成任何混乱。在由封建国家转变为近代国家的过程中，没有发生抗争和混乱，而是以和平方式实现了目标，即使从世界史上来看都是个少见的例子。

岛津久光收到了从东京送来的废藩置县报告，他感慨，虽然已经有了早晚总会废藩的心理准备，但还是惊愕于居然如此迅速。大多数旧藩主们和久光的想法是一致的吧。他们都将废藩置县理解为，为了日本的将来，为了复兴日本，不得不走的道路。

2　岩仓遣外使节

出使目的

　　近代日本的历史开始了。已经不能称日本为"半开化国家"了。即使列强忘记了，日本也绝不会忘记那种屈辱。但是从现在开始要面对的，才是重要的问题。在列强承认日本是一个近代化的稳定国家之后，才能重新回到谈判桌上讨论修改条约的问题。

　　政府决定，从1872年7月1日（和历明治五年五月二十日）开始，针对与美国缔结的最早的通商条约，进行修改条约的交涉。在废藩置县之前，政府就已经在准备这件事了，但从一开始的决定日期起，就对此持悲观态度。

　　以美国为首的外国列强，如果以万国公法（国际法）为标准，应该会对修改条约的交涉予以回应。然后政府预料到，列强会要求日本修改法律，使之不会与万国公法发生抵触。但是按照日本的形势，是无法答应这个要求的。

政府的结论是，交涉需要延期。向缔结了条约的诸国派遣使节，进行礼仪访问，同时呈上国书，说明日本的情况。日本尚未全面实现文明化，希望好好视察、学习已经实现了近代化的各国的文化物产，回国后投入应用，实现文明开化，然后在此基础上再重新与列强进行谈判。他们像这样提出了将修改条约的交涉延期的请求。这是岩仓遣外使节的首要使命。

岩仓具视

十月三日，时任右大臣、为政府二号人物的岩仓担任特命全权大使，副使是参议木户孝允、大藏卿大久保利通、工部大辅伊藤博文和外务少辅山口尚芳。加上随员，使节团总人数为48人。

使节一行于十一月十二日从横滨港出发，十二月六日（公历1872年1月15日）抵达旧金山。市民热烈地迎接了岩仓。在当地新闻中，岩仓访美一事获得了与英国首相访美同等的重视程度。

1月23日（公历），在旧金山举办的欢迎派对上，伊藤博文发表了英文演讲，见下文：

……我国的诸侯们，自发地放弃了领地和领主权。在没有放一枪、没有流一滴血的情况下，废弃了日本的封建制度。然后，开始推进象征着近代文明的铁路和电信设施……

演讲让旧金山的市民们想起了流血的法国大革命。伊藤精心筹谋，想用日本的和平革命引发共鸣。这也是使节团的使命之一。

考察之旅

使节团乘坐汽车越过落基山脉，横跨了北美大陆，前往首都华盛顿，3月4日（公历，下文皆使用公历）谒见总统并呈上了国书。接下来，从11日开始进行修改条约的预备会议。这其实并没在出发前的计划里，而是驻美外交官森有礼促成的，他根据欢迎仪式以来的观察，认为美国会接受交涉请求。日本提出了请求，美国则给予了善意的回应。

在此国务长官菲什指出，要进行包括预备会议在内的正式外交交涉，都要求必须持有全权委任状，大久保利通和伊藤博文紧急回国，于7月17日拿着全权委任状回到华盛顿。但在此时，美国对交涉完全没有表现出任何兴趣。

在委任状一事上确实有疏忽的过错，但从一开始说起来，出发前他们根本没有进行预备交涉的打算，所以才判断不需要全权委任状。总之不管怎么说，在此行第一个国家——美国，使团遭受了巨大的失败。很罕见地，岩仓心情低落地对三条实美感慨道，接下来只能靠"铁面皮"继续执行访问各国的使命了。

岩仓大使的任务变成向各国元首呈上国书，传达日本的期望。与此同时，使团一行人的主要任务则换成了观察、调查各国已经实现近代化的文化与物产，为此追派了要员。另外，当初的日程计划是十个半月，但由于全权委任状问题造成了空白期，必须予以变更。最后决定，岩仓大使的行程改为一年零十个月。

使团于8月17日抵达伦敦。但是英国王室正处于夏季休假期间，不接受谒见。于是一行人就去进行考察旅行了，最后直到12月5日才谒见了维多利亚女王。

考察旅行中，使团经历了一连串的冲击。他们惊叹于美国意料之外的繁荣，岩仓认为，其原因在于铁路，日本也当以铺设连接东西的铁路为急务。然后在英国，以蒸汽和水力为动力、通过车床和齿轮运转器械的工业技术令他们极为震撼，"口舌与笔墨难以形容"。

大久保也在英国被击溃了。他们考察了利物浦的造船厂、曼彻斯特的木棉工厂、格拉斯哥和纽卡斯尔的炼铁厂、布拉德福特的绢织物和毛织物工厂等等，赞不绝口地称："无比巨大，机械精巧至极。"同时，他们也注意到了生产和销售系统：用煤作燃料，蒸汽发动机轰鸣着吐出黑烟，生产出铁，再通过铺好的铁路和道路运送成品，最后用巨大的船舶送到世界各地。

他们认识到，正是这个系统支撑着富强的英国。

以下是大久保的结论：英国令人惊异的发展，是建立在政治、经济、产业、文化的综合性基础上的。单凭传入知识和技术、模仿其中一二，不可能在日本实现英国式的近代化。那么，应该要从什么地方开始呢？随员久米邦武回忆，平时就总是沉默寡言的大久保，基本上一言未发，一直沉浸于思考中。

德国，发现俾斯麦

12月16日，使节团到达巴黎。26日谒见了法国总统梯也尔，新年1月1日还在凡尔赛宫进行了会面（和历明治五年十二月三日。从这天开始，日本也使用公历）。大久保和木户都高度评价了梯也尔在处理法国与普鲁士的战争败北后的战后问题，以及镇压巴黎公社事件中表现出来的政治手腕。

木户孝允觉得英国的情况与法国相似，对法国历史十分关心，在绘画等美术品和古董器物方面也表现出了兴趣。即使在日本国内，木户也对书画古董的世界充满热情，这一点与大久保完全不同。

3月9日，使节团抵达柏林。11日谒见了德意志皇帝威廉一世。统一的德意志帝国成立于1871年1月18日（和历明治三年十一月二十八日），德国在日本的废藩置县前约7个月才成为近代统一国家，在欧洲属于后发国家。普鲁士国王变成了德意志皇帝，普鲁士首都柏林变成了帝国的首都，首相俾斯麦

岩仓使节和法国总统梯也尔会面（《Le Monde illustré》1873 年 1 月 4 日号）

变成了德意志帝国的首相，德国是一个在强有力的政治力量牵引下，以普鲁士为中心的帝国。

首相俾斯麦面临的问题是，构成帝国的诸邦国间差异极大，需要对法律、制度、货币、度量衡、铁路等基础设施，进行统一化，向整备近代化前进。为此，将行政的权力集中于首相，内务省、外务省、大藏省、法务省的长官实质上为首相的直系下属，构建了政府与各省官僚一体、以实现近代化为目标的体制。

3月15日，在招待使节团的晚餐会上的演说里，俾斯麦这样说道：

……我们的祖国普鲁士是一个贫困落后的国家，在大国的压迫下连自主的权利都差点被剥夺了。但是在爱国心的激励下，我们成为了能以对等的权利与任何国家进行外交的国家。英国、法国正在努力扩大殖民地，不可以信任他们，日本也必须小心。作为重视自主国权的德意志，期待着能成为最受日本信赖的友好国家……

他对日本表达了热情的声援。

大久保深受感动。德国与其他国家不一样，有"淳朴之风"，给人以亲近感。他还看到，俾斯麦深为国民所信任。在官民一体推行近代化方面也十分理想。在送给西乡隆盛的信件里，他建议以德国、俾斯麦为范本推进日本的近代化。

大久保到了德国、与俾斯麦见面后，发现了德国建设国家的方法，由此从英国受到的冲击中恢复过来。构建俾斯麦式的举国一致体制，推进近代化，期待着修改条约，按照这个明确的路线，抱着信念走下去。大久保甚至称，回顾漫长旅途，这是最大的成果。

内务卿大久保利通

在三条太政大臣的请求下，大久保辞别大使一行踏上了归国之途，于5月26日（1873，明治六年）抵达横滨。见识了德国和德国的俾斯麦，对他来说，考察已经十分充分了。

回国后看到的政府状态，完全出乎他的意料。岩仓大使一行出使国外期间，负责国内的政府通过制定学制（1872年9月）、

大久保利通

征兵制（1873年1月）来推进近代化政策。出发前有过约定，以留守期间不进行大改革为宗旨，但那只是以10个月的行程为前提定下的，现在约定已经取消了。

各省没有经过意见协商，就把各自进行近代化建设的预算要求提交给了大藏省的负责人井上馨大辅，并反复催促指责。留守政府的参议们包括首席西乡隆盛，以及大隈重信、板垣退助、江藤新平、大木乔任、后藤象二郎，但是他们自己的个人意见很强，也无意于协调各省意见。就大久保所见，政府与各省、官僚们"人（参议）马（官僚）皆疲倦至极"，陷入了完全失去行动意欲的状态，仅靠他一个人无从下手，这令他十分沮丧。

此外，还有西乡隆盛参议的朝鲜派遣问题。新政府成立以来，想要与朝鲜建立邦交关系，但一直遭到对方的拒绝。为了给胶着的日朝关系打开通道，西乡想通过阁议决定派遣他自己去朝鲜，为此他向参议板垣退助寻求了协助。

西乡在写给致板垣退助的信里称，在交涉不能顺利进行的情况下，自己即使身死亦在所不惜，这正好能够作为讨伐朝鲜的正当理由（日期为7月29日的书信，《西乡隆盛全集》）。西乡发言的特征是，总是假设出最坏的情况，作极端之论。但这成了岩仓大使回国后举行的阁议上的争议点，强硬地主张派遣西乡的板垣、江藤、副岛、后藤四位参议，与担心派遣西乡可能引发战争、持反对态度的岩仓、大久保、大隈（木户正在病中），形成了对立。

这个时候，西乡的高血脂症恶化了，还出现了动脉硬化的症状，他的健康状态并不适合远渡朝鲜。西乡对自己的身体有所自觉，可能是想着要为国家做出最后的奉献吧。另一方面，大久保身边的萨摩人不希望西乡因朝鲜问题而死，期待大久保出力阻止。

大久保的烦恼最终解除了。他下决心在阁议上与西乡对峙，将派遣西乡一事无限延期。10月23日早上，西乡甚至没有与四位参议谈过话，就迅速地递交了辞呈前往鹿儿岛。翌日，板垣、江藤、副岛、后藤也提交了辞呈。1873年（明治六年），政府分裂（政变）了。

大久保在德国构思的内务省，于11月10日设立，他自己就任内务卿。但是直到翌年（1874，明治七年），才完成制度、组织、人事的整备，开始处理内务省事务。

内务省中的一等寮为劝业寮（所管辖范围为农业、畜牧、开垦、纤维、贸易等）和警保寮（行政警察）二寮，二等寮为户籍、驿传、土木、地理四寮。设立的宗旨为：保证国内安全，保护人民，鼓励诸业发展安定民心，推进殖产兴业。由于县知事是内务省派遣的地方长官，因此内务省实际上管辖着国内行政的全部事务，具有极大权限。

但是，在内务省马上就要开始运作的时候，发生了江藤新平的佐贺之乱。大久保自愿去平定此乱。当他回到东京时，又出现了出兵台湾的问题。鹿儿岛士族得意忘形地决定出兵，大久保只能担起这个责任，就战后处理问题参与了北京谈判，让清国认可此次出兵是"义举"并接受赔偿金。他回国的时候已经是 11 月 27 日了。

3　开设国会

修正文明开化的轨道

内务省设立一年后，内务行政终于正式体制化了，但政府的工作变得很多，大久保（45岁）无法专心于内务省事务。三条实美（38岁）在因派遣西乡问题导致的混乱之际，由于心痛而突然晕倒了，从此以后，他对政治问题的态度就十分消极。岩仓具视（50岁）也由于反对派遣西乡赴朝遭到高知县士族的袭击（1874年1月），身体状况不佳，远离了政治场合。政府头号和二号人物的存在感都变得薄弱。

木户孝允（40岁）在回国后也由于健康状况恶化，无法做出回复。大隈重信（37岁）由于轻率的发言面临严重的人望问题。山县有朋（35岁）在政治参与的经验不足。伊藤博文（32岁）过于年轻，很难统领政府。无论大久保喜欢还是不喜欢，他的位置变得很重要。也有看法认为，大久保没有经历过挫折就登上了权力的高峰，成立了大久保政权。但是正如他本人所说——萨摩人并不想当政治家，他对权力没有向往，只是一个官僚型的人物。

在大久保当权之前，农民和士族之间阶级森严，泾渭分明。1876年（明治九年）12月，三重县发生了明治时期最大的农民暴动。农民对地租改正、特别是税制（新制度是用现金支付地租，歉收的年份米价会降低，如果仍然支付固定的地租，支付金额占总收入比例就会变高）不满，发起了请愿。县厅和警察（都受内务省管辖）应对不得当，结果演变为大范围的暴动。

已经接连发生了熊本神风连之乱（10月24日）、山口县萩之乱（10月28日）和士族叛乱，大久保对农民暴动十分重视。因为士族的叛乱不过是地域性的，农民问题却是全国性的。

大久保与大隈重信和伊藤博文商谈，提议将占地价3%的课税额度，降低0.5%，然后在新年后的1月4日，由天皇下诏实施。虽然看上去只是一点点，但因为地租是财政收入的中心，对国家财政来说，这会是一个沉重的打击。为了填补这个缺口，大久保决定，以内务省的改革为中心，实行彻底的行政改革（合并官厅，削减预算）。

包括次年（1877，明治十年）的西南战争，士族的叛乱是在预料之中的。为了让士族们觉悟到原有制度会在不远的将来解体，西乡作了苦涩的决定，用征兵令夺去了士族通常担任的职务，金禄公债发行条例（1876年8月发布，次年开始实施）

官营富冈制丝所（画像提供：时事）

也进入了他的视线，这会让士族成为靠年金生活的人。根据1875年的统计，为了不超过日本总户数5.7%的士族，支出了年收入的24%。很明显，不改变这个畸形的财政制度，近代化建设就无法继续。

虽然农民与士族之间的隔阂很深，在电信和邮便事业、道路和港湾的整备等基础公共设施建设上，还是不断取得了成果（铁道由工部卿伊藤博文管辖）。另外，被记录为世界遗产的群马县富冈制丝厂，即是殖产兴业最早出现成果的案例之一。因为政府开始广泛提拔人才而且培养专业官僚了。与亚洲其他诸国不同，日本不能依赖外国资本，而应有效地利用以往的事业和产业，亦即采用民生路线——这也是大久保，或者说内务省的方针，将之与从根基开始建设日本的近代化联系在一起。

但正如大久保留下的反省言辞所述，针对士族政策实施得太晚了。所以，接下来必须采取紧急措施。他在表明了决心后走出家门，遭到了金泽士族的袭击，不幸遇难。确切时间为1878年（明治十一年）5月14日上午8点多。

另外，大久保意识到要学习欧美的近代化，同时也在反省自己过于急躁的问题。考虑到日本的历史、传统、习惯，根据日本的实际情况，以扎实稳健的文明开化为目标修正发展轨道。在大久保死后，这个方针被政府继承了下来，不模仿欧美，坚持实现日本特色的近代化。大久保本人虽然倒下了，国家和政府的方向并未被动摇。

自由民权运动

攻击政府的刀和子弹都是无力的，日本已经进入了言论的时代。请求开设国会的建议书和请愿书，在1880年（明治十三年）合计达到了85封。虽然是作为士族运动出发的，但也聚集了不少农民和府县会议员、都市地区的知识分子，变成了一个大潮流。

自由民权运动的背景，是大久保和他的政府留下的两个遗产。一个是"树立渐次立宪政体之诏"（1875，明治八年）。作为将来的目标，制定宪法，约定天皇将成为立宪君主（由宪法定下的天皇）。至于到底是什么样的宪法，天皇的位置又如何呢？自由民权运动即主张，在决定国家型态一事上，民众也有参加的权利。

另一个遗产是，基于新制定的地方制度（1878，明治十一年7月制定，大久保最后的工作），从1879年开始举办的府县会、町村会（略称为地方民会）。虽然有限选举没有决议权，议题也受到限制，但为居民们最关心的税金用途问题设置了发言讨论的场所。在地方民会积累了经验的市民们，开始寻求就国政发表言论的机会，也是自然而然的潮流。

关于开设国会的建议和请愿的内容，虽然各种各样种类繁多，但基本都论点清晰，文章也简明易懂。在此介绍一封天桥义塾的请愿书（一部分，已改写为现代文），这个私塾位于以天桥立闻名的京都府宫津（现在的宫津市）。

……"尚未修改条约，尚未实现进出口平均"，外国趾高气扬，日本正处于"国权受到凌辱"的状态……即使提早一天也好，必须让国民尽快联合一致。虽然这条道路"只能在开设国会的基础上"实现，在此之前应先"制定宪法"。没有制定宪法的立宪议会，议会与议员的权利、权限就会暧昧不清，可能机关繁冗，抑或有导致"民权派专横"的危险。因此制定宪法十分重要。另外，宪法应该在人民的参与下制定，而不应是在天皇的命令下制定的……

并非由天皇授予宪法，而是让人民参与，通过讨论制定宪法。基于这部宪法，再开设符合近代秩序的议会。这才是构建国民联合一致、亦即举国一致体制之道。然后修改不平等条约，推翻屈辱的旧况，成为真正的近代独立国家。他们如此主张道。

请愿和建议共通之处在于，在开设国会之外，民众写下了身边能感受到的诸种愿望。其中包括有必要保障民众的诸种权利，为此必须要进行法律和制度的改革。他们批判道，尤其突出的是内务省不应该一个劲地仅仅推进产业的近代化，还应该重视制度的近代化。

批判政府的暴风雨

在1880年和1881年（明治十三、十四年）期间，自由民权运动发展到了顶点。以东京和大阪为中心，各地举办了政治谈话演讲会和文化演讲会，运动如火如荼，蔓延到了山脚下的平原。在地区性的民权结社（当时，主要以政治运动为主，但文化圈的集结也被称为结社）里，定期举办学习会和讨论会。在活动中，诞生了著名的私拟宪法（民间制订的宪法案）"五日市宪法草案"。

东京都的西端，五日市町（现在的秋留野市）的五日市学艺讲谈会，是一个以文化活动为中心的独特的民权结社。从豪农、教员、僧侣、神官、商人、林业劳动者到小农民，有约100名会员。他们以山中的寺庙为会场，开办学习会，为保护人民的权利与自由，关注到细小深入的地方并做出规定，最后成果就是独具特色的宪法草案。他们所住的山村是这样的：

站在寺院山门处，透过山脉断口望去，参天大树看起来好像火柴棒。

自由民权运动并非以攻击、批判政府为主要目的。但是1881年7月，围绕北海道的官有物售卖处理问题，他们像暴风雨一样袭击了政府。

7月21日，《邮政报知新闻》报道，相关人员正在协商，计划将据推算实际价值约300万日元的北海道开拓使①国有物，以仅仅30万日元而且还是分20余年付款的方式，处理出售给关西的实业家五代友厚（鹿儿岛出身）。开拓使长官黑田清隆（鹿儿岛出身）是在阁议里提出的这件事，但被泄露到了外部。得知泄密的犯人是参议大隈重信后，黑田暴怒了。

黑田亲手栽培了开拓使的诸项事业，但是成果不显，按照当初的决定，售卖处理的期限已经到了。黑田拜托五代友厚一揽子接收整个产业，而五代友厚是在明知道这些都是亏本赤字产业的情况下同意的。恐怕除了五代友厚，没有人能接得下吧。

与黑田一起，五代也被贴上了勾结政客的商人的标签，受到批判。但五代并不是追求私利的企业家。他作为大阪商法会所的初代会长，为实现维新后低落的大阪商业、实业的复兴出了不少力。即使在今天，敬慕五代友厚的大阪财界人士也非常多。

同一时期，东京商法会议所的会长是涩泽荣一。他也不是

---

① 日本时事北海道开发以及行政事务的政府机构。明治二年（1869）设立，从事西洋农业的引进、煤矿开采、屯田兵的设置。1882年废除。

追求私利的实业家。东西的两位领导者涩泽荣一和五代友厚所盼望的,是官民(政府与民间人士)成为一体,推进产业的近代化,这可是个巨大的功绩。

但在民权派看来,是政府和五代友厚的串通勾结。在各地召开的批判政府的演说会上,挤满了听众。恰在当时,天皇正在巡幸北海道、秋田、山形,黑田与大隈与他同行。一部分因为这个原因,政府的应对不够及时,渐渐陷入手足无措的被动状态。

政府只剩下了一个选择。等到天皇还幸东京,10月12日,他发布谕旨,约定于1890年(明治二十三年)开设国会,与此同时,公告中止售卖一事,要求大隈重信辞职。

因为制定宪法和开设国会也是政府所期待的,可以理解为,迟早要将政府的方针明确化。因此他们在背后推动民权派的声音,决定了这个时刻的到来。

4　建立立宪制国家

伊藤博文的宪法调查

大隈重信下野后，伊藤博文实际上成为了政府的一号人物。伊藤博文接受天皇敕命，为了调查欧洲君主国家的宪法，于1882年（明治十五年）3月14日从东京启程。

强力推荐了伊藤博文的人是寺岛宗则（前参议、外务卿），他期待伊藤为制定"日本独特的宪法"去调查宪法的原理和实际运用。伊藤受命进行内阁、议会、各省的组织和权限、地方制度、君主国家的王室等31个项目的调查。

伊藤的目标是德国。政府的方针即以德国宪法为范本。从5月末开始，伊藤在柏林大学教授、被称为公法学（历史法学）权威的古耐斯特处听课。但是古耐斯特的课程是以宪法理论、哲学为中心的，并不是伊藤想要学的内容。

另外伊藤还注意到了，德意志帝国议会的混乱。担任普鲁士首相时期的俾斯麦,强行操纵议会的名声很响。但是,当涉及国内政策时,他以自己为中心制定的德意志帝国宪法,在提交法律草案和议决权上,对议会、议员的权限有很多规定,政府甚至能否决已经提交的法律草案。

此时,俾斯麦为了稳定帝国的财政收入而提出的烟草专卖化(由政府制造、销售)法案被否决了,陷入困境的俾斯麦以生病为借口闭门不出,结果,行政处理由于机能不全无法顺畅运作了。

伊藤博文

宪法、议会、政治(行政、政府),伊藤深切感受到,必须学习处理这三者之间的重要关系。8月初,伊藤转移到维也纳,拜访了维也纳大学的施坦因教授。施坦因后来被称为近代行政学之父,是国家学的权威。所谓国家学,即是就国家的各种问题(法律、经济、财政、思想、政治等)作综合性研究的学问,施坦因以格外重视行政的学说而出名。

应伊藤的希望,施坦因为他讲解了宪法的运用——选举和议会与政府的关系、官僚机构与组织等等问题,也就是所谓的政治秘诀。此处引用一段施坦因课程的英文笔记(随行的参事院议官补伊东巳代治的笔记):

在立法部门(议会)与行政部门(政府)的权限问题上,

一定要明确它们分担的职责，使其权力互不重合……如果行政部门无法独立自主地行使权力，那就不过是立法部门下面奉命行事的存在而已。另外，立法部门只在召开议会期间出现，而不是长期存在的。因此平时，根据具体情况施行法律的权力，属于政府……

行政必须独立，而且还必须拥有强大的权力。斯坦因的话，给伊藤留下了深刻印象。不仅仅是制度，在他头脑中还描绘出了独立强大政府的实际状态。1883年（明治十六年）8月3日，伊藤结束了1年零5个月的调查，返回了日本。

近代内阁制度的建立

8月3日，伊藤抵达横滨。由于食道癌，岩仓具视已经被医生贝尔茨宣布死期将近。他有话想对伊藤说，临终前一直焦虑地等待着，却还是没能见上面。

通过废藩置县调整了体制的政府，被称为明治太政官政府。以太政大臣、左大臣、右大臣三位大臣为首，参议们通过协商讨论决定最后结果，再向天皇上奏。三位大臣辅佐天皇亲理万机保证国家运转，是这个体制的中心。

此时的太政大臣三条实美，是一个温和的人物，统率力弱，而且他对政治的热情正在减弱，左大臣有栖川炽仁在政治界的发言也比较谨慎保守。因此，对担任调整工作并颇有心得、兼具发言能力和统率力的右大臣岩仓，他的存在就很重要。但是担任这个角色的岩仓去世了。虽然岛津久光暂时就任为左大臣，但这是个残留着前近代身份制的职位，原则上来说，需要由公家和皇族担任。可以代替岩仓的人才怎么都找不到，政府面临危机。

伊藤回国的时候，参议人数为 11 名。虽然不是全员，参议一职大部分由省的长官（卿）兼任。但是根据他们的经历和发言，参议兼工部卿佐佐木高行和参议兼农商务卿西乡从道，在多大程度上理解他们所管辖省的业务，实在是个疑问。与将内务省联合一体并起牵引作用的参议兼内务卿大久保利通相比，佐佐木高行、西乡从道与大久保之间有本质的差异。难以看清政府的前进方向，政府与省、官僚之间的一体感也变得稀薄。有必要进行根本性的改革了。

然而改革行动被推迟了。接下来的 1884 年（明治十七年）中，爆发了群马事件、加波山事件、秩父事件等从自由民权运动派生出来的民众起义，同年年末在朝鲜发生了与日本公使馆有关的武装政变。伊藤为了结这件事，担任全权大使与清国的李鸿章谈判，于 1885 年（明治十八年）4 月 18 日在天津缔结了关于日清两国军队在朝鲜行动的《天津条约》。

此年（1885，明治十八年）8 月，伊藤总算能够开始着手于革新太政官内阁、制定近代内阁制度。伊藤通过参议井上馨，向三条实美说明了创设新内阁制度的相关内容，三条面露难色。三条提议，以伊藤为左大臣，黑田清隆为右大臣。对三条来说，这个提议就算得上是大改革了。

政治世界里的,只剩下这个太政官内阁还残留着公家社会的传统了。三条的抵抗,可能就是出于对这最后一缕残存部分的执着。然而此事无法一蹴而就。最开始,可以看到议会变成了与在野党势力的对决。如果不是从议会、政党中独立出来的强大政府,就很难闯过这一关。外国也在关注,日本是否能够没有混乱地召开议会。

天皇也对大改革表现出了支持的意向。就这样,12月22日,近代内阁制度建立了。首相(总理大臣)作为各位大臣的代表,统括全体行政。构成内阁的各位大臣,兼任各省的长官。大臣各自对天皇负有辅弼责任(不负连带责任)。内阁中不设宫内大臣(即天皇亲信无法介入政治的体制)。

通过以上手段,握有行政实权、作为独立的最高机关(不受政党势力左右),政府与省、官僚联为一体的强大内阁,诞生了。

修改条约的交涉

当伊藤博文在为去欧洲出差做准备时,从1882年(明治十五年)1月25日开始,在东京召开了修改条约的预议会(正式会议开始之前,为调整统一意见举办的预备会议),外务卿井上馨担任会议主席。英国、德国、法国、俄国、奥地利、意大利、西班牙之外,再加上迟一些参加的美国,共计15个国家出席,采用了联合会议的方式,一共举办会议21次。

距离派遣岩仓使节团过了整整九年，日本终于能与诸国一起坐到修改条约的桌子旁了。政府招募的外国学者和技术人员（御雇外国人），震惊于日本近代化的速度。而且日本政府在西南战争后修正了发展轨道，顾及到传统，推进了独具日本特色的近代化，外交官们都对这些行动持积极看法。条约改正是在这样的背景下开始的。

4月5日的第9回会议上，井上馨外务卿第一次就日本的意向作了说明。主要是日本政府有意，在仅限于遵守日本法律的情况下，向外国人开放内地（通商、旅行的自由，也承认其对不动产的所有权）。由于外国正在强烈要求解放内地，明治政府将之作为谈判交涉的最后王牌，借此希望外国对关税自主权和治外法权（领事裁判）问题予以考虑。

井上馨的发言，按程序，首先要经各国代表向本国报告，定下本国方针后，再在正式会议上作出回复。正式会议（修改条约会议）的第一次会议于1886（明治十九）年5月1日召开，由外务卿井上馨提出了条约草案。

提高关税（尚未要求恢复关税自主权）。恢复一部分治外法权（并非废止领事裁判权，具体内容尚需进一步商讨交涉）。就日本方面来说，只要能认可这两个要求，就开放内地。大致就是这个内容。

不过，试图掌握会议主导权的英国公使布兰科特联合德国，提交了英德方案，在方案中提出了他们的要求。择其要点如下文所示：

①交换条约批准书后,两年之内日本开放内地。

②同样是两年以内,日本要公布基于"泰西(欧美)主义"的法典(民法、刑法、商法等)。而且在公布的8个月之前,要把这部法典的英译版送交各国,接受审查(必须合格)。

③在日本居住的外国人,归属日本的裁判所管辖。但是控诉院(第2号)和大审院(最高裁判所)的法官,超过半数由外国人担任,通用语言为英语。

次年,1887年(明治二十年)4月23日的第26次会议上,英德法案经过一部分修改后经讨论决定。

最先对该修正案提出批判的人,是政府的法律顾问、法国的法学者博阿索那多。容许外国干涉法典的编纂——亦即立法权,以及,容许外国人在司法权(裁判)上拥有强大影响力,这不是在向外国出卖国家主权吗?可以说,这比之前的不平等条约还要恶劣。

农商务大臣谷干城也发出了声音。他的态度很强硬,认为编纂欧美主义的法典,不过是在讨外国的欢心,容忍外国人干涉立法就是亡国的预兆。舆论也压倒性地持反对意见,还激起了反对运动。在这种情况下,7月29日,井上馨外相通告各国,修改条约问题无限延期。9月17日,井上馨辞去外相一职。

作为国家最重要的课题,期待已久的修改条约,以惨不忍睹的方式告终。虽然这并不是井上馨一个人的责任,但能以更加毅然的姿态结束这件事情,想来也是不错的。井上馨过度苟求于要出一个结果了。

对国民来说，也期待着修改条约。但是他们无法满足于这个修改方案。可以说，这是日本国民在实现官民一体、向近代化前进的过程中得到了成长的证明。

1894年（明治二十七年）7月16日，通过日英通商航海条约，实现了废除领事裁判权以及提高关税。1911年（明治四十四年）2月21日，在日美新通商航海条约里，终于确立了关税自主权。修改条约，是一件如此困难的事。

大日本帝国的宪法

1886年（明治十九年）11月左右，伊藤首相指名，由熟悉外国、包括德国宪法的井上毅负责，着手起草宪法。翌年，1887年（明治二十年）4月末左右，完成了最初的"甲案·乙案"草案。两者差别在于，乙案在宪法条文中明确写到了天皇的大权，甲案则没有。

伊藤博文携两名秘书官，即当初一起进行欧洲宪法调查的伊东巳代治和哈佛大学毕业的金子坚太郎，在神奈川县金泽（横滨市）的旅馆里，开始讨论井上的草案。接下来，从8月开始，转移到夏岛（横须贺市）已经建成的别墅里，叫来井上再次商讨。最后在8月中旬进行了总结，即所谓"夏岛草案"，之后再经四人之手形成了"十月草案"。在这个基础上进行修改，大致接近成稿时，就是1888年（明治二十一年）

2月的"二月草案"了。再度经过少量修改和添加后,作为最终草案上呈天皇,交付枢密院审议。

在枢密院会议上讨论的,是规定了天皇大权的第五条。草案中写道"天皇经帝国议会之承认施行立法权","承认"在这里的用法含有自下而上寻求认可的意思,有反对意见认为,在以天皇为主语的条文里不应使用这个词。

虽然看上去是在讨论用语问题,其实际背景是,基于有必要对议会的权力加以限制这个想法,他们对天皇和议会持同等权利一事感到难以接受,认为议会仅仅作为天皇的咨询机关就够了。结果,这一条款被修改为:"天皇在帝国议会的协赞下施行立法权。"协赞这个词"表示天皇对于通过法案而言是必要的存在",并不是赞同并予以协助的意思。

在采用立宪政体的基础上,得不到议会的承认是无法推行国政的,伊藤坚持这个立场。另外,他也坚定地反对了以天皇为立法等事务最终决定者的意见。立宪政治的根本在于,限制君主的权力。因此天皇行使的大权,要在宪法决定的范围之内。然后他还明确地主张,对行政负责的不是天皇,而是总理大臣。

1889年(明治二十二年)2月11日,颁布了大日本帝国宪法。从激荡的19世纪末挣扎着坚持到了20世纪中叶,可以说,这是一部采用了立宪君主制的高等级近代宪法。从渐次立宪之诏(1875年)到此时,仅仅才用了14年,日本的近代化就到达了这种程度,实在值得夸耀。

同日,制定了皇室典范,规定皇位的继承资格限于身为皇

新宫殿（藏于杜美术馆）

族血统男方一系的男性。另外还公布了议院法、贵族院令、众议院议员选举法。这些是官僚集结了全力的成果。虽然看起来宪法只是由四个人起草的，其实还有官僚们不惜劳力地协助支持着他们。

　　东京市民以节日般的气氛欢迎了宪法的颁布。贝尔茨医生讽刺道，连宪法的内容都不知道就在那里傻高兴。其实，市民们是在庆祝，日本恢复、成长到了制定近代宪法的程度。贝尔茨医生是在心理上相当偏向日本的人，只是没有想得那么深入，没考虑到日本经受过的屈辱。

　　这一天，在皇居的宫殿里召开了晚餐会。当然是西洋风格的。下午7点多，天皇向皇后伸出一只手臂，两人挽着臂进入会场。这并不是天皇个人的期望，大概是别的什么人的提议吧。虽然天皇在学习欧美习惯，但应该不至于到这种程度吧。

近代日本选择的道路

或者，莫非其中包含着别的意图？在亚洲，有近代宪法的仅日本而已。日本想要作为亚洲最先进国家，更加贴近欧美诸国、成为近代国家的意识，越来越强。亚洲里的欧洲，用福泽谕吉派的话来说，就是脱亚入欧。

天皇和皇后，是不是想在此呼吁，让日本成为欧美列强的一员呢？日本想要独立于亚洲这一点，已经显露出了明显的兆候。1886年（明治十九年）增加了军事费用额度，翌年陆军的现役军人人数大幅增加，这个倾向在之后也不断继续。这是军备扩张。

军备扩张的目的，也有明显的变化。到此时为止，政府和军部在军事相关问题上的姿态，一直是以应对外敌——尤其是俄国的东方侵略，为最关心的大事。可谓国家防卫的基本。但是此时的军备扩张，并不只是防卫，而是在向以假想中的外征为目标的建军构想转化。

亚洲近代史可以证明，这个外征的目的地就是朝鲜和中国。复兴后日本选择了这条道路。那句饱含希望时时萦绕耳际的"为了日本的将来"，不知不觉地变成了"为了天皇"。然后，为了复苏日本"举国一致"起来反抗的口号，也转化为对国民进行总动员以继续进行战争的"举国一致"了。这些，映出了日本在近代的明面与暗面。

后　记

　　本书讲述了一个建设国家的故事。日本这个面对英美列强手足无措的军事弱小国家，以屈辱为发条，复兴并实现了近代化。在幕末的史料里不太能看到"屈辱"这个词，只因为这是个说出来都令人痛苦的词语。

　　我对那些被写成倒幕，或者说讨幕运动的幕末史，很早就开始抱有强烈的违和感。明明西乡隆盛断言幕府会自动倒台，明言过萨摩藩不会讨幕。并没有什么可信的解释，能够证明他是以倒幕，或者说讨幕为目标的。真木和泉虽然激烈地批判过政府，但从没说过要打倒幕府。因此我明白了，他之所以被称为尊攘倒幕运动的巨头，不过是有人抱着先入为主的观点去读史料得出的错误理解罢了。

　　我的结论是，需要重新去读一读史料。譬如说，从重新解读被先入为主观污染的史料这个工作开始，与此同时，尝试着把史料上的语言转换为自己的、便于阐释理解的语言。因为幕末时期的史料都是汉文语法的文章，汉和辞典是必备品。我愚直地在辞典书页间一天天地消耗时光。

在这样的工作中，我发现了"攘夷"。这个词包含着各种不同的意义，正如本文已经详述过那样。但在当时，中央政局最大的论点是"破约攘夷"，也就是指近代的修改条约。所谓尊攘派的长州和公武合体派的萨摩，在必须凭举国体制修改不平等条约这一点上达成了共识，基于共通的理解做出行动，两者的差别只在于实现手段、方法。正因如此，他们才有可能为了日本的将来，为了复兴、复苏日本，缔结萨长盟约。

大约5年前开始，我萌发了要试着把幕末史作为一个建设国家的故事来书写的想法。构思的一个来源是《幕末政治与萨摩藩》（2004年刊行），该书以"举国一致"为关键词之一，但没触及"屈辱"。这本书是在有志舍的代表永泷稔的协助下出版的。在永泷先生的推荐下，我从京都大学退休数年之后，担任明治维新通史的执笔工作，大概写到了四分之一左右。

但是我这边出了一点状况。在能看见海的杜美术馆里收藏着与岩仓具视相关的史料，我在协助他们进行翻印出版。这批史料主要是残留于岩仓家的文书原本，再加上为了编纂岩仓传记而搜集的文书，可谓岩仓具视相关文书原本的核心，已经被指定为重要文化遗产。我觉得，将这些贵重史料翻刻出版，对今后的明治维新研究有极大帮助，必须提高其完成度。出版我自己的书这件事，在重要性上绝对无法与此相比，因此我中断了通史的写作，决定专心于这件工作。编者诸兄（藤井让治、三泽纯、谷川穣）在百忙中的不懈努力下，史料翻印大致按照预期（2012年12月）顺利出版了，真是非常幸运。

作为一个眼睛老化加剧、头脑回转也变钝的老人，校正原文书和复印本不是件容易的事情，但我完全没有感到痛苦。花了好几天读不出来的字突然被解读出来的时候，感觉好像回到了大学读书的时代。但是我得注意身体状况的变化。举办重要文化遗产指定的纪念活动时，我递交美术馆的展览解说原稿之后就紧急入院了（2013年6月）。由于大肠癌形成了肠梗阻，被诊断为危险情况。等待着肠道恢复运动，在一个月后进行了手术。他们告诉我的治疗方针是，虽然设置了人工肛门，但考虑到体力方面的大风险，没有切除癌变区域，而是采用了化学疗法（抗癌剂点滴）。

幸运的是，抗癌剂点滴很成功，现在癌已经变得很小了。当初我躺在床上想自己不知道还能剩下多少时间，现在还继续活着。这个时候，我收到了筑摩图书的编辑小船井健一郎先生恳切的信件，问我是否有意写一本名为"幕末史"的新书。虽然觉得对永泷先生不太好意思，但仅凭整理后变少的藏书和我手头的资料，写明治维新的通史比较困难，我对此差不多放弃了。在这样的时候收到了小船井先生的信。如果有一年左右的时间来写新书的话，是有可能的，应该也有这个体力，手边还有为了写通史作的笔记。没花多少时间，我给小船井先生回信说，想写写看。为了缩短执笔时间，变成了在体力上很费劲的工作，但是我想要传达幕末的日本复兴的姿态，这种想法变成了我的动力。作为一个74岁的、与癌症共生的、蹒跚而行的老人，这是我活着的证明。

佐佐木克
2014年9月最后一天

图书在版编目（CIP）数据

从幕末到明治：1853—1890 /（日）佐佐木克著；孙晓宁译. —北京：北京联合出版公司，2016.12（2017.4 重印）
ISBN 978-7-5502-9187-4

Ⅰ.①从… Ⅱ.①佐…②孙… Ⅲ.①日本—近代史—1853-1890 Ⅳ.①K313.4

中国版本图书馆 CIP 数据核字 (2016) 第 282008 号

BAKUMATSU-SHI

Copyright©2014 by Suguru SASAKI
First published in Japan in 2014 by CHIKUMASHOBO LTD.
Simplified Chinese translation rights arranged with CHIKUMASHOBO LTD.
through Japan Foreign-Rights Centre/Bardon-Chinese Media Agency

简体中文版由银杏树下（北京）图书有限责任公司出版发行

从幕末到明治：1853—1890

著　者：[日] 佐佐木克
译　者：孙晓宁
选题策划：后浪出版公司
出版统筹：吴兴元
编辑统筹：张　鹏
特约编辑：丛　铭　林立扬
责任编辑：张　萌
营销推广：ONEBOOK
装帧制造：墨白空间·王斑

北京联合出版公司出版
（北京市西城区德外大街 83 号楼 9 层　100088）
北京嘉实印刷有限公司印刷　新华书店经销
字数 297 千字　889 毫米 ×1194 毫米　1/32　10.25 印张
2017 年 1 月第 1 版　2017 年 4 月第 2 次印刷
ISBN 978-7-5502-9187-4
定价：39.80 元

后浪出版咨询（北京）有限责任公司 常年法律顾问：北京大成律师事务所 周天晖　copyright@hinabook.com
未经许可，不得以任何方式复制或抄袭本书部分或全部内容
版权所有，侵权必究
本书若有质量问题，请与本公司图书销售中心联系调换。电话：010-64010019

《日本小史：从石器时代到超级强权的崛起》（第 3 版）

著　　者：[英] 肯尼斯·韩歇尔
　　　　　（Kenneth G. Henshall）
译　　者：李忠晋　马昕
书　　号：978-7-5502-4617-1
出版时间：2016.12
定　　价：45.00 元

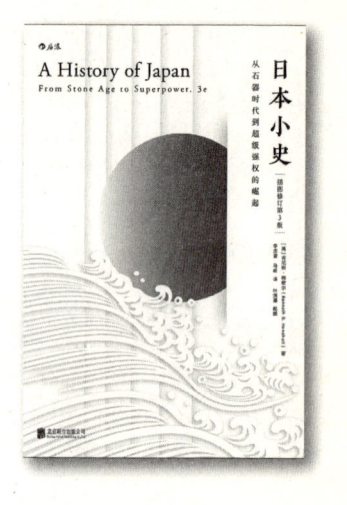

☆《日本小史》是继《菊与刀》之后日本研究领域较为重要的著作之一。这是一本能够吸引专家、学生和广大普通读者的非凡之作。

——肯·科茨，加拿大萨斯喀彻温大学历史学教授

内容简介

本书讲述了日本从石器时代到世界强权的发展历程，检视了日本历史上造就的"奇迹"外表下的不同切面：现实与理想的调合、对集体权威的高度服从、道德上善恶的界限宽容、强烈的民族自尊感和国家使命感、善于师法强国的民族心理等。全书文笔流畅、条理清晰，每一章均可作为单独的专题来阅读，且均有综述与摘要列表。此书可说是了解日本史的轻松读物。